WEIYAN MINGYI

WEIXINZHONG DE ZHONGGUO GAIGE

微言明意

——微信中的中国改革

李海青 著

知识产权出版社
全国百佳图书出版单位

图书在版编目（CIP）数据

微言明意——微信中的中国改革/李海青著. —北京：知识产权出版社，2017.12

ISBN 978-7-5130-5315-0

Ⅰ. ①微… Ⅱ. ①李… Ⅲ. ①体制改革—中国—文集 Ⅳ. ①D61-53

中国版本图书馆 CIP 数据核字（2017）第 300713 号

责任编辑：牛洁颖　　责任校对：谷　洋

封面设计：SUN 工作室　　责任出版：刘译文

微言明意——微信中的中国改革

李海青　著

出版发行：知识产权出版社有限责任公司	网　　址：http：//www.ipph.cn
社　　址：北京市海淀区气象路 50 号院	邮　　编：100081
责编电话：010-82000860 转 8109	责编邮箱：niujieying@sina.com
发行电话：010-82000860 转 8101/8102	发行传真：010-82000893/82005070/82000270
印　　刷：北京科信印刷有限公司	经　　销：各大网上书店、新华书店及相关专业书店
开　　本：880mm × 1230mm　1/32	印　　张：7.25
版　　次：2017 年 12 月第 1 版	印　　次：2017 年 12 月第 1 次印刷
字　　数：175 千字	定　　价：30.00 元

ISBN 978-7-5130-5315-0

目录

壹 经济微评

贰　政治微评

叁 文化微评

肆　社会微评

伍　人生微评

经济微评

壹

经济微评

2016年12月23日

传统发展方式的风险与代价[①]

我越来越深切地感到，支撑中国既有发展模式的一些深层理念与制度机制必须要重大调适或转变，不然中国的发展不仅不可持续，以往发展成果也会被巨大的风险与代价侵蚀。

三十多年来，中国经济的巨大增长确实让人感叹，但泡沫有多少呢？水分有多少呢？经济发展的有效性恐怕还有很大提升空间。代价又有多大呢？经济高速增长时，似乎一切都好，经济一旦较长时间放缓，内在矛盾就会集中显现，这种模式差的一面就会愈益明显。现在的中国经济与社会开始更为明显地进入代价凸显、风险交错、问题集中暴露的阶段。一些不合时宜的指导理念必须要调整，权力与市场的关系必须要规范，既有的制度体制痼疾必须要改革。但我感到难度很大。

我一贯反对过度的乐观与几乎已经习惯成自然的歌颂与赞誉。多年来这种声音太多太多了。马克思在《政治经济学批判·序言》中说："我们判断一个人不能以他对自己的看法为根据，同样，我们判断这样一个变革时代也不能以它的意识为根据。"[②]也许更长的历史间距才能对今日中国的发展做出更为全面系统的认识与评价。

之所以强调这一点，并不是对未来失望悲观。没有无代价

---

① 本条微信是看了阿里巴巴公司董事长马云关于中国空气污染问题的演讲片段有感而写。马云的精彩演讲参看网络视频《马大大真敢说》。

② 《马克思恩格斯文集》第2卷，人民出版社2009年版，第592页。

的发展，没有无成本的进步。我只是希望改革能清醒而坚定地推进。

2016 年 10 月 20 日
中国发展：必须从功利思维逐步转向权利思维[①]

《功利主义导致整个社会的堕落》一文中，张维迎教授对功利主义的看法从功利主义哲学本身来讲并不完全准确，但他点出了中国发展中一个非常重要的问题，即发展思维的转换问题。确实，改革开放以来，中国一个主导性的发展思维即是功利思维。当然，不能简单地将这种功利思维等同于哲学中的功利主义，因为功利主义本身也极为庞杂，观点不一。这种功利思维有四个具体表现：一是认为每一个社会成员的需求基本相同。而社会则是同质成员的简单组合相加。也就是说，在社会观上，功利思维持一种化约论。二是认为每个社会成员主要追求物质福利，相应的，社会发展追求的是整体物质福利的最大化。三是由政治权力来判断民众该追求的经济福利的内容与类型，并且通过明确的竞争压力型体制来激励各级公务人员完成任务指标。四是由于其侧重物质目标导向，以目标证明手段，所以对发展手段与方式的公正性、合理性、科学性考虑不够，对除物质福利以外的目标重视不够。

一定意义上，这种功利思维在一个国家现代化的初期乃至

① 本条微信是看了北京大学张维迎教授的文章《功利主义导致整个社会的堕落》有感而写。

初中期具有一定必然性，因为经济现代化首当其冲。在西方资本主义国家发展过程中，在发展的初期乃至初中期，功利思维都非常兴盛。但是这种功利思维，作为一种发展理念有它自身的弊病。我们可以看到，在现代化已经实现的国家，这种功利思维受到了广泛的质疑和批判。就今天的中国来说，在这样一个发展阶段也需要系统反思以前的这种功利思维。

具体来讲，这样一种功利思维有以下弊端：第一，实际上，社会成员的需求并不是完全同质的，如果在发展之初物质福利的追求还是统一追求的话，那么随着现代化的不断推进，社会成员本身的诉求也会不断多元化。所以将社会成员再视为简单同一的主体并不妥当。也就是说那种社会化约论的思维是有问题的。第二，功利思维在很大程度上忽视了对公民自身普遍权利的关注。功利思维关注外在目标导向，而公民权利在很大程度上是无法用外在事功简单衡量的，它为公民本身所固有。有些公民的基本权利并不能直接作用于经济发展，但其本身必须被有效确认与保障。实际上，经济发展的成果也只有转化为公民权利的更有效保障与维护，才是有实际意义的。问题思考的出发点是公民权利、能力与自由的不断增加与拓展，而不是单纯外在事功的衡量标准。换言之，功利也不是不可以，但是功利必须与公民权利相适应才可以。第三，功利思维的另外一个问题就是，这种思维需要有一个外在独立的政治权威来确定公民的福利为何，但是这一外在独立的政治权威并不一定能够完全认知社会成员多种多样的福利诉求。而且即使能够明确认知，也无法简单地用一种功利目标去很好满足不同的福利诉求。创造良好的制度、政策环境与条件，让社会成员广泛不同的权利诉求都可以得到满足，才更为适宜。也就是说，政治权力要把精力放在良好的政策制度条件的创造上，放在公民多方面权利诉求的满足与保障上，而不能人为地单纯锁定某种外在的事功目标。实际上，对公民权利的有效确认与保障，是整个社会发展长久可持续的动力之源。第四，这种功利思维容易导致整个社会功利思想的泛滥与工具主义思维的流行，从而导致价值与信仰的问题，导致人心灵如何安放的问题，人如何诗意栖居的问题。当然，功利思维引发的问题远不止这几个方面。

人类社会的发展不能没有功利，也不能完全拒绝功利思维，在特定发展阶段，功利思维有其必然性。但是在今天这样一个改革阶段，必须以权利统合，这样才可以。

2016 年 9 月 29 日

国家治理的一项核心内容：财政资源的合理配置与使用①

中央、地方之间财权与事权的不匹配是导致地方层面土地财政凸显、污染缺乏动力治理、公共服务难以有效提供等诸多问题的重要原因。1994 年分税制造成了“中央越来越强，省级喜气洋洋，县市平平常常，乡镇骂爹骂娘”的财政分配状况，成为引发问题的一个重要根源。这种情况下，就要规范中央与地方之间的财权与事权关系。但中央不是抽象的，中央是由中

① 本条微信是看了《瞭望》新闻周刊的文章《等了足足 22 年的国务院这项大改革，中央如何啃“最硬的骨头”？》有感而写。

央各个部委组成的，所以，规范中央与地方之间的财权与事权关系也就意味着中央相关部委少拿钱，如果不少拿钱那就多干事。在此意义上，改革要向相关部委开刀。现实中，远离地方与基层的各部委决策不科学，瞎折腾，低效支出的事情确也不少。

如上所述，在当代中国，政府间财权与事权关系的调整涉及作为整体的中央与地方之间的关系，涉及作为整体的中央与作为部分的各部委的关系，涉及相关部委与地方的条块关系，难度很大，但改革势在必行，因为国家治理的一项核心内容就是财政资源的合理配置与使用！

2016年9月23日
何谓公？何谓私？

在所有制问题上，传统社会主义有一种非常奇怪的僵化认知，那就是把与政治权力相关的称为公，而把与社会或民间相关的称为私。换句话说，官家为公，社会为私。所谓公有制，按照传统理解，主要包括国有经济、集体经济，以及混合所有制中的国有成分与集体成分。而这些都是与公权力相关的。所谓非公经济，按照传统理解，主要指民营经济。而这与社会或民间相关。

这种官等于公、民等于私，公私截然对立的思维方式实际上是存在很大问题的。谁说过社会就等于私，民间就等于私呢？按照马克思主义的基本理论逻辑，共产主义社会早已没有国家，没有政治权力，生产资料是社会所有，根本谈不上国家所有的问题。而社会所有在今天首先表现为小范围的生产资料社会所有，即股份制与合作社经济等形式。当然，这些所有制形式并非纯粹的公有，它们也有私的一面，但也不是纯粹的私有，而是既公又私，呈现出公私兼有的特点。而这种公私兼有恰恰表明这些所有制形式处在单纯私有与纯粹公有的过渡阶段。实际上只有这样看问题，才是符合辩证法的：从单纯私有的所有制形式，到公私兼有的所有制形式，到纯粹公有的所有制形式。从这个意义上讲，今天中国所谓的民营经济，实际很大程度上可以看作是公有经济的一种特定的体现形式与实现形式。尽管它不纯，但是具有公有的一面。这样看问题，我们就会对所谓民营经济的发展不再心存恐惧与忧虑，就会认识到公有制并非仅仅与政治权力相关，社会的公有制正在蓬勃发展，各个领域的公有制力量正在壮大，我们就会对公有制（广义公有制，既包括传统理解的公有制，也包括社会所有制）的主体地位充满信心。

如果不这样看问题，就无法解释客观的现实与经济的发展趋势，无法在根本上有效指导中国的经济改革，无法实现有效的思想解放，无法实现对马克思所有制思想的正本清源与返本开新。

2016 年 7 月 15 日

国企改革要注意三点[①]

一是切实解放思想。中国的国有企业数量肯定比西方国家的多，发挥的作用肯定要比西方国家的国有企业大得多！但是

① 本条微信是看了网络文章《沈阳国企已成第二官场，连经济垫底都是一步政治棋子》有感而写。

公有制与市场经济结合的问题还远未解决。我们很多情况下还要从经济规律的角度看问题，过分意识形态化地看待国企问题未必合适。国企对市场反应不敏感的问题、行政性垄断问题、内部人控制问题、过分政治化问题等都需要认真对待与解决。面临全球经济的一轮轮转型升级，惰性与惯性较大的国企能否挺住，能否不成为包袱是一个令人担心的问题！

二是国企改革的思路政策措施之间不能自相抵触。比如国资委出台规定，要求国企重大事项要经过党委会的讨论决定。那么，党委会与董事会的关系怎么处理？国有企业中党的领导到底如何实现？这与国企现代企业制度的方向是否一致？与政企分开、政资分开的原则是否一致？这些问题都需要深入思考。不然就会使人有一种迷惑、不知所措的感觉。

三是谨防有些国企作为强大的既得利益集团阻挠既定改革思路的贯彻落实，甚至逆改革潮流而动。最近几个月频出的“国企地王”事件就是例证。改革是在既定的利益格局下推动的，其落实必然受到先在的利益格局的影响。我们在制定改革思路时如果考虑不到这一点或轻视这一点，那么，在政策落实时就会遇到强大的阻力与不可测的障碍因素。而一旦改革思路受阻，效果不明显，改革共识与动力就有可能会迅速弱化，对改革的失望情绪就会滋生！就此而言，如何有效打破既得利益的障碍，尽快推进改革思路的落实就显得至关重要！

2016年7月4日

传统经济发展方式的强大惰性

昨天晚上与一位主政一方的朋友交流，谈到招商引资问题。我说传统政府主导的经济发展模式不可持续，政府不应该作为经济主体再过多承担招商引资功能。朋友说，不招商引资哪有足够财政收入？每年公共服务投入增长20%以上，没有收入靠什么？现在政府的一个主要任务就是招商引资。想一想中央文件相关经济发展方式转变的论述，想一想老家与各个地方的实际，我也无语了。大的方向明确，但是什么时间才能有效转变？现行体制确实依赖性很强，至少这七八年内我看不到政府不再作为经济主体的可能性。是不是经济发展方式的转变比我们认为的漫长得多啊？问题症结出在什么地方呢？

去年我们没有招商引资，总评一下子被扣了8分。

感觉是不是有三方面问题：一是分税制导致财力向中央过分集中，地方财力不足。二是与此相关的，中央地方事权划分不明确，不规范。有些方面地方负担过重。三是要客观看待地方招商引资问题。经济发展方式转变，政府不能作为经济建设的主体并不意味着政府就不能进行任何招商引资，也不能把问题过于绝对化。其实西方政府很多也具有这个功能。因为这可以带动就业，同时增加税收。

2016年7月3日

传统治理模式必须调整[①]

我在与各级干部交流中多次谈过精准扶贫可能存在的问题。当然，我是基于对传统治理模式弊端的研究而提出问题的，他们很多是基层的实际执行者，但观点基本一致。有些改革思路举措从中央的角度看有道理，但在基层看则未必完全如此。自上而下一刀切的压力型体制和工程性思维的治理效能越来越表现出局限性！特别是随着中国社会的愈益复杂化，不可测因素的愈益增多，传统自上而下的追求计划性、齐一性与可控性的治理模式的弊端越来越明显，调整的必要性也越来越明显。如果这种治理模式不调整，地方与基层更多感受到的是自上而下的压力，自下而上的压力不足，面对地方负责的动力不够，各种机会主义与策略主义行为就难以避免，地方公众也不会满意，地方官员也会处在尴尬的夹缝处境中。以上分析也表明，对于中国特色社会主义的论说不能仅仅停留于宏大叙事，而必须从现实问题出发。

2016年6月4日

努力实现收入分配的起点公平

现阶段，收入分配的失衡及其引发的利益冲突已成为中国

① 本条微信是看了网络文章《乡镇精准扶贫真相与反思》有感而写。

改革所面临的一个巨大难题与挑战。随着改革的推进，如何尽力做到分配的公平，建立合理、有序、有机的分配秩序，将收入差距保持在适度范围内，从小处说，关系到每个人，尤其是社会普通公众与弱势群体的切身利益；从大处说，关系到中国改革、发展与稳定的协调推进，也关系到对中国社会性质的认识与判断。从动态的角度来看，整个社会的收入分配公平是分配起点公平、分配过程公平和分配结果公平的统一，起点公平对于一个社会形成合理有序的分配格局具有始源性的意义。

从逻辑意义上，对于收入分配而言，起点公平的含义主要是指整个社会的权利结构尤其是产权结构的初始规定是正当合理的，各种资源在各地区、各部门、各企业、各群体与诸个体之间具有相对充分的流动性，而非向某些地区、部门、企业、群体或个体高度集中；各种机会对于各地区、各部门、各企业、各群体与诸个体普遍平等开放，而非对某些开放，对某些闭锁。如果初始的权利结构尤其是产权结构不合理，各种资源缺乏流动性而呈现出高度集中的态势，各种机会与自由不能对不同主体一视同仁而是有选择性地敞开，那么，在这种格局下展开的生产过程、交往过程与生活过程必然从一开始就缺乏公正性，在此格局下的收入分配必然就会问题多多。就中国的收入分配而言，问题首先出在分配的起点上。对此，可以从三个方面进行分析。

一、就分配的主导力量，即公共权力而言

在中国的改革进程中，公共权力不仅掌握着庞大的政治资

源，而且渗透整个经济、文化与社会生活。相比之下，以市场经济为基础的中国公民社会虽然自改革开放以来发展迅速，但对公共权力的有效制约力量有待进一步增强，两者还需要继续形成合理互动的均衡结构。如果在资源的初始配置中占据绝对优势的公共权力推行重经济发展轻社会建设、重先富轻公平、重投资轻消费、重资本效益轻劳动价值的发展理念与发展模式，势必造成收入分配的诸多问题。同时，如果公共权力缺乏有效监督与制约而导致腐败，更不利于形成良好的分配秩序。不论因为建设主体推行欠妥的发展模式而造成收入失衡问题，还是因为腐败现象造成收入不公问题，公共权力掌握巨量的资源与机会都是前提性原因之一。如果公共权力掌握的资源并不如此庞大，各种资源合理地配置于整个社会之中，那么，公共权力对于资源支配的随意性与不当性就可以得到较好的控制，并且其弊害的规模与影响也将大大缩减。人们期望掌握庞大资源的公共权力能够始终较好地公平行事，但基于各种主客观原因，这一愿望在某种程度上往往难以实现。以市场经济为基础的民间经济力量与公民社会的健康发展，以及它们掌握资源的增加，公共权力自身从经济建设型政府向民主法治型与公共服务型政府的转型，将会为逐步解决公共权力对资源的高度集控问题创造条件。

二、就分配起点的产权格局而言

分配起点产权格局存在的不清晰、不合理、不健全问题直接影响了生产与生活过程中收入的正常流动及良性收入格局的形成。换言之，生产关系中的产权配置直接影响着收入的分配。

在《1857—1858年经济学手稿》中，马克思就明确指出："分配关系和分配方式只是表现为生产要素的背后。……分配的结构完全决定于生产的结构。分配本身是生产的产物，不仅就对象说是如此，而且就形式说也是如此。就对象说，能分配的只是生产的成果，就形式说，参与生产的一定方式决定分配的特殊形式，决定参与分配的形式。"[1]在1875年的《哥达纲领批判》中，马克思严厉地批判了拉萨尔抛开所有制问题谈分配的空洞论调，强调指出："在所谓分配问题上大做文章并把重点放在它上面，那也是根本错误的"。"消费资料的任何一种分配，都不过是生产条件本身分配的结果；……既然生产的要素是这样分配的，那么自然就产生现在这样的消费资料的分配。"[2]既然如此，就不能将收入分配问题纠缠在纯粹分配领域，而应该深化以市场为取向的产权改革。

就处于改革与转型中的中国社会而言，初始产权格局存在的问题大致可以从以下三个方面进行分析：其一是土地产权制度。土地产权制度存在的问题在征地拆迁过程中暴露得非常明显，作为法律规定产权主体的农民集体实际上往往并不能作为真实的主体享受应有的权益，这不仅是因为农民集体往往缺乏相应的、实体化的组织机构进行利益维护，从而导致名义上的农民集体虚化；更是因为法律与政策上已经规定的各种权益往往遭到破坏，且法律救济不力。在这种情况下，现实中对于土地拥有更大控制权的往往是地方各级政府，其在土地的使用与交易中具有优势地位。而且，现阶段土地产权的交易还必须通

① 《马克思恩格斯文集》第8卷，人民出版社2009年版，第19页。

② 《马克思恩格斯文集》第3卷，人民出版社2009年版，第436页。

过政府完成，这样，土地交易在产权规定上就难以避免公共权力的“双重垄断”：“一方面，面对土地的拥有者（特别是农民的土地），权力部门是‘垄断买方’，土地要转换性质，必须首先‘卖’给政府，而且价格较低，农民作为土地拥有者的地位未完全实现。另一方面，面对‘购房群体’这一最终消费者，权力部门又是上游要素——土地的‘垄断卖方’，消费者要购房实际上必须先从政府处购买土地。这就导致利益分配的扭曲，在权力与资本的合谋中，房地产企业获取较高的收入。”① 这种初始性的实际资源占有格局无法保障农民作为土地占有主体的应有地位，相反，地方各级政府在土地交易中则获益更多。可以说，这种初始的实际产权格局就已经决定了土地交易活动中财富配置的失衡性。针对这种情况，就当前而言，需要加大对农民现有土地权益的维护和保障力度，避免对现有法律与政策规定下的农民土地权益的侵害；需要将农民集体组织实体化，使之能够以组织化的形式实现权利、维护权益；需要按照统一、开放、竞争、有序的要求规范土地要素交易市场。进一步要做的工作则是在逐步规范中央与地方事权与财权的基础上遏制乃至扭转地方政府土地财政的倾向，消除地方政府靠土地牟利的冲动；在逐步规范土地交易市场的基础上赋予农民更自由、内容更广泛的交易权利；逐步明确农民对于土地的永久使用性质，从而赋予农民更为完整、独立的产权主体身份，使农民能够更好地享有土地带给自己的权益。

初始产权格局存在的问题之二是国有企业的产权问题。改

---

① “如何走出‘分配窄圈’——专访国家发改委宏观经济研究院教授常修泽”，载《人民论坛》2010年第19期。

革开放以来，不少国有企业在改革中曾造成国有资产的大量流失，这与国有资产实际的所有权虚置有很大关系。也就是说，虽然名义上是国家的与全民的，但在权力不受控制且监管乏力的情况下，国有资产的实际交易过程并不公平——作为其所有者的国家往往虚化，而起作用与获得收益的往往是原先企业的管理者、某些掌握权力的个体或其关系人。这种短时间内国有资产的大量流失是造成收入分配问题的重要原因之一。而随着国有企业改革抓大放小以及做大做强战略的实施，政策与资本高度倾斜于国有企业，某些国有垄断行业与企业以国家力量为支持、借助于垄断经营积聚了大量的资源。而民营经济不仅总体力量相对较弱，而且市场准入环境不宽松，行业进入壁垒依然存在。民营经济发展受限不仅意味着民间财力增长受限，而且意味着社会就业机会的缩减，因为中小型的民营经济是吸纳民众就业的重要渠道，而就业渠道的缩减则意味着部分民众收入来源的限制。此外，尽管国有企业名义上属于全民与国家，也向国家缴纳税赋，但只是近年来才上缴极为有限的利润，并有沦为内部人控制的危险。在产权配置格局中占有优势的国有垄断行业与企业必然在国民财富的收入分配中占有优势。一面是民间财富增长的受限以及由就业渠道缩减所引发的收入降低；一面是垄断企业高的收入，这无疑拉大了收入的差距，并使其具有了一定程度的不公正性。收入的畸高与部分国企单纯注重经济利益而不负社会责任的行为也导致社会上对国企的负面评价颇多。改革这种初始的产权格局，就要积极发展壮大作为社会主义经济重要组成部分的民营经济，放宽市场对民营资本的准入界限，在不影响国计民生的前提下，在尽可能广泛的经济领域中尽可能地形成各种经济力量有效竞争的市场机制，

由市场的力量而不是公共权力的力量来决定企业的命运；要加大国有企业利润上缴幅度，尤其要建立健全垄断超额利润和国有股权转让收入上缴制度，建立健全垄断行业资源占用税制度，禁止垄断经营企业凭借垄断地位和特殊条件将获得的垄断利润用于内部分配，使国有企业的收益切实能够为全民所享，真正体现其国有与全民的性质；要加强政府对垄断企业资产运营与收入分配的监管、审计、督查力度，不仅要对企业利润等主要经济指标的真实性进行审计，还要对垄断行业员工特别是经营者获得的各种货币性、实物性的隐性收入进行重点审计，提高垄断行业、企业资产管理的透明度和社会公众监督力度，努力实现其人员收入的显性化、工资化和规范化，加大对相关违规违法行为的惩罚力度，多措并举控制垄断行业的过高收入。

初始产权格局存在的问题之三是当前中国的资源产权制度不健全。这种不健全突出表现在资源价格成本构成不完全，资源税税率偏低。高的资源价格与偏低的资源税之间必然产生巨大的利润空间。谁能进入这些自然资源产业，谁能取得开采权，谁就能迅速获得巨额的财富与收入。很多矿产资源开发行业的经营管理者之所以暴富，与我国资源产权制度的不健全有很大关系，而这恰恰是现阶段收入不合理分配的重要原因之一。这样，在初始产权的制度规定上，就已经存在造成收入差距的巨大漏洞。根据经济社会发展的要求，逐步完善资源性产品价格的成本构成与成本约束机制，建立企业降低成本的激励机制、污染环境的惩罚机制和相应的监督管理制度，提高现行资源税税率，尽力消除资源价格与资源税之间不合理的利润空间，是协调收入分配的重要任务之一。

三、就分配的受众而言

社会公众在收入方面之所以产生巨大差距，一个非常重要的原因就是初始权利的不平等，即他们在竞争的起点上就已经处于初始权利不公平的境地。事实上，目前收入分配问题在中国之所以成为一个社会热点，其隐藏在各种争论背后的，并非简单的仇富情绪或均贫富的复古要求，而是社会普通民众与弱势群体对于每个人基本平等权利的呐喊和追求。这种初始权利的不平等首先表现为制度、政策规定或承认的客观机会的不平等，比如某些地方与部门出台的制度或政策的不合理规定、不正当倾斜与歧视性条款等。一种客观机会的平等能够为同等能力的人提供均等的发展机会与平等的竞争起点。相比于种种客观机会的不平等，这种向才能开放的机会平等满足了现代社会“能绩本位”的发展趋势，是现代社会文明进步的重要标志。前现代社会是等级社会，其机会的不平等是显而易见的。而在当代中国转型社会，客观机会的不平等现象也是大量存在的。特权、垄断、压制、歧视等都可以造成一个社会中机会不平等的大量存在。这些机会的不平等使得有能力者未必能实现发展，获得与能力相称的收益，相反，却使得无能无才者可能寻机而上，通过各种不正当渠道获取各种非正当收益。这样，机会不是向能力开放，而是向特权开放、向资本开放、向关系开放。收入的获取不是按照投入经济活动的生产要素的价值，而是受到种种非生产因素的不当影响。这种种的机会不平等制造社会对立、激化社会冲突、割裂社会认同，使资源无法有效配置、使能力不得彰显、使付出与所得不相称，使收入差距不合理地

拉大。

针对于此，在社会成员权利觉醒与能力凸显的现代语境下，强化制度与政策的正义性，确保每位公民客观发展机会的均等，对于社会利益关系的协调与优化具有至关重要的意义。正如罗尔斯在《正义论》开端所指出的："正义是社会制度的首要价值，正像真理是思想体系的首要价值一样。"[①] 前总理温家宝在2008年3月18日回答记者提问时也明确指出："如果说真理是思想体系的首要价值，那么公平正义就是社会主义国家制度的首要价值。公平正义就是要尊重每一个人，维护每一个人的合法权益，在自由平等的条件下，为每一个人创造全面发展的机会。如果说发展经济、改善民生是政府的天职，那么推动社会公平正义就是政府的良心。"[②] 在加强对公共权力监督制约的基础上，积极推进政治体制改革，加快民主法治建设，使社会主义制度的公平正义性得到充分体现，是解决收入分配问题的必由之道。"公平正义"作为一种根本的价值理念，要求现实制度的设计、建构与运作应尽可能有效协调社会的利益关系，合理配置各阶层、各团体、各成员的权利与义务，实现各阶层、各群体、各成员间公正的利益均衡与收益获取，使每个阶层、每个群体、每个社会成员得其所应得，尤其是要努力改变、尽力消除社会不公现象，保障客观机会的普遍平等，同时对在社会发展进程中正当利益受损者要及时适当地予以补偿，对于社会的弱势群体应及时有效地予以救济与保障。

---

① ［美］约翰·罗尔斯：《正义论》，中国社会科学出版社1988年版，第1页。

② 《温家宝：公平正义是社会主义国家制度的首要价值》，人民网 http://politics.people.com.cn/GB/1024/7014279.html.

这种初始权利的不平等除了表现为制度、政策规定或承认的客观机会的不平等外，还表现为主体能力培育与实现方面的权利不平等，比如地区间与城乡间基本公共服务的差别对于社会成员能力形成的不同影响等。仅有客观机会的平等是不够的，有些人未尝不具备某种潜能，但却缺乏获得、实现这种能力的条件与资源。能够实现自身能力的主体是否具有广泛性？最为广泛的社会成员是否具有平等的机会与条件去发展或获得自己所需的能力？这样，在理论逻辑上，我们进一步追溯到了能力的最初获得问题以及获得主体的广泛性问题。仅以现有的能绩为本位而不问原初的状况，有能力者占优势，而无法实现能力者处劣势，这种起点的差别在现代社会很容易造成强者愈强、弱者愈弱，收入差距急剧拉大的“马太效应”，进而形成一种断裂的社会结构。而且，由于社会等方面原因而不能平等发展自己能力的社会成员会产生对整个体制、对整个社会不满乃至对抗的消极情绪，在其利益受损时尤其如此。在此情况下，社会的和谐发展就会成为不可能。正因为如此，罗尔斯才在客观机会平等的基础上，提出了机会的公正平等原则，“即在对才能开放的前途的主张之外，再加上机会的公正平等原则的进一步限定。也就是说，各种地位不仅要在一种形式的意义上开放，而且应使所有人都有一平等的机会达到它们。……这意思是指那些有着类似能力或才干的人也应当有类似的生活机会。具体地说，假定有一种自然禀赋的分配，那些处在才干和能力的同一水平上、有着使用它们的同样愿望的人，应当有同样的成功前景，不管他们在社会体系中的最初地位是什么，亦即不管他们生来是属于什么样的收入阶层。在社会的所有部分，对每个

具有相似动机和禀赋的人来说，都应当有大致平等的教育和成功前景。那些具有同样能力和志向的人的期望，不应当受到他们的社会出身的影响。”[①] 罗尔斯的机会的公正平等原则无疑具有更为强烈的实质意义，其力图抵消人们生活中遇到的社会偶然因素，如家庭、地位等对分配的影响，主张人们在平等实现个人能力方面应处于同一个起跑线上。

社会成员在能力培育与获得方面具有平等的权利，将会对整个社会的收入分配产生预先的合理化调节作用。“促使经济—政治比赛公正进行的努力在事先比事后要重要得多。”[②] 具体到措施方面，则要求政府进一步强化制度与政策的普适性与公平性，积极推进就业、教育、医疗、社会保障等基本公共服务的均等化，通过普及基本公共服务来普遍提升社会成员特别是弱势群体参与社会竞争的能力。尤其，大力发展教育事业是激发个人潜力、推进实质公平最为重要也是最为有效的途径。通过向各社会阶层平等而普遍地提供教育，广大社会成员可以获得平等进入社会、进行竞争的基本能力与素质。保证全社会教育资源享用的公平性，可以为社会各阶层尤其是弱势群体开辟改变自己命运的渠道，提供实现公正、合理、开放地向上流动的机会。在这个意义上，为每一位社会成员尽可能创造平等的受教育机会和条件，是起点公平的内在要求之一。

---

① ［美］约翰·罗尔斯：《正义论》，中国社会科学出版社 1988 年版，第 73 页。

② ［美］布坎南：《自由、市场和国家——20 世纪 80 年代的政治经济学》，北京经济学院出版社 1988 年版，第 141 页。

2016年5月30日

郑永年先生：请不要轻易下判断[①]

这几年在关于中国改革的系列论著中，郑永年先生下了诸多判断。有些判断发人深省，但有些判断似乎比较离谱。《有人把新自由主义重新包装成“供给侧改革”》一文中，郑永年先生有些判断就相当离谱。

其一，在这篇文章中以及最近几年的系列文章中，郑永年先生显得过分自大甚至有些狂妄。是不是中国国内的称赞与影响力持续加大让他有些飘飘然？比如在本文中，郑永年多次强调，在中国，除了拼命解读概念以外，几乎没有人能够说清楚供给侧改革到底是什么。中国改革具有丰富的实践经验，但是无论理论界还是政策研究界，都没有能力解释中国经验。他质疑，除了概念贩卖，有多少人了解中国经济的现状，能够诊断中国经济的问题并找到解决问题的方法呢？这样一些说法几乎把整个中国知识界贬得一文不值。好像这么多年来，中国的知识分子的水平差得无可言表。实际上这样一种情况并不符合现实。当然，中国知识分子中确实良莠不齐，但另一方面，对所谓的中国奇迹、中国经验与中国的问题，国内理论界在很多学科都有比较清楚的认识和反应。这种简单抹杀、全部否定的做法实际上反映了作者本人一种高高在上的傲慢心态。正是在这样一种心态下，才会认为自己的认识多么深刻，自己

① 本条微信是看了郑永年文章《有人把新自由主义中心包装成“供给侧改革”》有感而写。

的任何观点都无比正确。如果长期抱有这样一种傲慢心态的话，对问题恐怕很难再形成更为深入的认识。

其二，郑永年认为，“三个代表”重要思想、科学发展观、和谐社会等没有很好落实，改革中的诸多失误，都是因为中国进入了知识短缺的时代，知识不足。实际上，这种说法并不完全准确甚至很不准确。理念没有很好落实，实际上并不主要是知识的原因。中国特色社会主义理论体系尽管还存在不完善之处，但作为一套解释模式，整体仍是行之有效的！理论的难以落实主要是我们体制本身的原因。发展模式、官僚体制、治理模式、政绩评价机制等等如果不改变，再好的理念也很难完全落实。因为理念的落实需要有良好的制度体制机制环境。而这个恰恰是我们改革的对象。十八届三中全会提出的，健全和完善中国特色社会主义制度，推进国家治理体系和治理能力现代化的全面深化改革的总目标所指即是这个！所以，简单地把理念的没有落实归结为知识原因，没有抓住问题的关键要领。

2016年3月27日 改革发展中的工程性思维不能绝对化

中国改革发展过程中的工程性思维是极为发达的，自中央至地方，从部门到单位，时时处处可见各类工程与项目：确定目标，明确进度，分解任务，严格考核，绩效导向。这种工程性思维的前提是公权力占有大量资源。这种思维有利于公共权力在发展的初期有效推进与实现自己的目标，管控性与计划性都极强。但随着改革的推进，经济与社会自主性的不断增强，人为设计的工程思维的局限性日益明显。因为复杂的现实远不是主观的设计所能有效把握的，大量社会问题的解决不能靠有明确期限的工程性做法所解决。谁也不能保证，恰好到某一时间点，问题会完全解决。这是绝对不可能的事情。具有明确时间限度与任务分解的工程设计往往导致短期的机会主义行为、策略主义行为、急功近利行为，因为很多问题不是靠下任务就能很好处理的。所以，随着改革的深入，打破固有的机械性与工程性思维，尊重市场和社会本身的规律与机制，给予地方或部门恰当的探索空间与时间，对中国未来发展而言是至为重要的。

2016 年 3 月 12 日

中国经济需从权力主导转向公民权利驱动[①]

2016 年的《政府工作报告》中，李克强总理明确指出：“必须全面深化改革，坚持和完善基本经济制度，建立现代产权制度，基本建成法治政府，使市场在资源配置中起决定性作用和更好发挥政府作用，加快形成引领经济发展新常态的体制机制和发展方式。”李克强对这一问题的再次强调凸显了处理好政府与市场关系对于中国经济改革发展的极端重要性。权力控制大量资源、直接干预资源配置、主导经济变迁的传统发展方式问题极为严重，半市场半统制的经济制度已不可能持续。

① 本篇文章是中国网向作者的约稿，题目未做改动。

在这种情况下，就应使市场在资源配置中发挥决定性作用。那么，如何使市场在资源配置中发挥决定性作用呢？根本的一点，就是要使经济真正按照市场的自身规律与机制来运作，具体到制度的操作层面，就是要将市场的自身规律与要求转化为社会成员明确的经济权利而禁止公权力的任意干预。

如果不能普遍明确并有效保障公民的应有经济权利，市场的自身规律与内在机制在制度层面就无法有效体现，就更谈不上使市场在资源配置中发挥决定性作用。正是在这个意义上，规范的现代市场经济是一种法治经济，其本身以公民的广泛经济权利作为制度支撑。

正如有学者指出的："法学意义上的市场，实际上就是权利市场。生产资料市场、劳动力市场、知识产权市场、金融市场、房地产市场等，都可视为各种不同性质和种类的权利市场，在这些市场中，不仅生产资料、劳动力、智力成果等成了交易的对象，而且与这些商品相关的各种权利也成了交易的对象——商品。交易是一种权利的转让，市场是一种权利关系的集合体，市场机制是一种权利运行的机制。这种权利就是经济权利，公民的经济权利具有商品的属性，是可以用来交换的。"[①] 如果一个国家缺乏对公民经济权利的有效确认与保障，市场的内在机制与规律无法得到有效的制度支撑，其市场经济就不可能发达，经济也就不可能持久健康发展。

正是基于经济权利的广泛确认与有效保障，社会成员才有法定的资格、稳定的预期与持续的动力去追求自身利益、提升自身素质、有效利用资源、开展广泛竞争、激发社会潜能、致

① 郭曰君、程昱晖："论社会主义市场经济与公民权利的关系"，载《郑州大学学报（哲学社会科学版）》1996 年第 6 期。

力各种创新、推动经济发展、创造社会财富。换言之，市场运作的基本制度要素是公民权利，成熟的市场经济实际上是公民权利驱动的，科技进步、劳动者素质提高、管理创新都是尊重与实现公民经济权利的结果。

按照这一理念，中国的经济转轨与体制改革就不能仅局限于资源配置方式变革的层面来理解，其实质是国家经济权力与公民经济权利关系的重大调整，具体来说，是国家经济权力的重组与公民经济权利的发育，是国家高度集中的经济权力向分散化的公民经济权利的复归，是社会经济生活从政治权力主导转向公民权利驱动。

当前，经济发展方式转变的进程与效果在很大程度上取决于国家经济权力重组与公民经济权利发育、实现的速度。也就是说，对于中国的经济转轨与体制改革而言，对于经济发展方式的转变而言必须确立公民权利思维，要从公民经济权利的有效确认与保障的角度来反思传统体制与以往体制改革中的问题，审视、规划、设计当前与未来中国经济体制的改革思路、战略与举措。如果不以公民经济权利的有效确认与保障为指导理念推进改革，如果制度变迁与体制改革的指导理念不实现根本而有效的转换，而主要是具体问题反应式的改革方式，头痛医头脚痛医脚、走一步看一步，公权力老纠缠于微观的经济活动，经济发展方式就很难实现有效转变，中国的社会主义市场经济就很难进一步完善与发展。

经济体制改革是一个在“摸着石头过河”的实践中不断深化认识的过程。但在改革开放已经30多年后的今天，在长期反复摸石头的经验教训积累的基础上，在改革的全面深化与攻坚阶段，中国经济体制改革在根本理念与制度体系方面的顶层

设计就显得极为必要了。只有如此，经济发展方式的有效转变与市场经济的进一步完善才有可能。

之所以如此强调，是因为尽管随着中国市场经济的不断推进，在经济发展方式转变的过程中，公民的经济权利也在得到虽非系统但日渐广泛的确认与相对有效的保障，经济生活的法治化水平也在逐渐提升，然而，在当前的经济生活中，公民经济权利仍然存在不足与贫困问题，市场经济的深化发展迫切要求法治的进一步健全。

一方面，公权力的运行必须进一步纳入法治轨道。依法治权不仅有利于遏制权力本身的腐败，而且有利于明确权力与市场、权力与社会的相对边界。通过健全法治，公共权力的各种负面效应被尽可能地抑制或克服，而其维护与保障公民权利、创造良好市场与社会环境的积极功能则会被较为充分地激发或强化。另一方面，改革开放以来，中国经济在公民经济权利的确认与保障方面存在较大问题，在法治环境不健全的情况下确实取得了巨大成就，但应看到，这种发展成就的取得适应于中国市场经济发展初期的特定状况。如果法治建设不及时跟进，从长期来看，经济自身的发展升级与持续增长很难保障。特别是随着市场经济的发展与成熟，制造业等第二产业所创造的价值在 GDP 中所占比重会越来越小，包括金融、保险、房地产等在内的第三产业所占的比重会越来越大。而这些行业与领域相对于第二产业而言，对于市场制度环境的要求要严格得多，因为其所交易的是一些看不见、摸不着的无形的服务或“许诺”，交易的范围更广、交易的时间差拉得更开、交易的价值更大、交易主体的人数更多更分散、交易的风险也更大，一旦出现问题，所造成的经济动荡与利益冲突也更剧烈。在制度资

本特别是法治欠缺的条件下，这种市场、行业更容易扭曲、混乱甚至停滞。

2016年1月1日
雾霾为何难驱散①

雾霾为何难驱散？中央近年来一直强调生态文明建设，但是“金猴奋起千钧棒”，为何却不见“玉宇澄清万里埃”？在提出对策以前，首先需要搞清原因，在改造世界之前，首先需要正确地解释世界。雾霾难以驱散的主要原因可能有以下几个：一是化石能源为主的现实能源结构，短期内在技术上又无法对众多散烧煤进行使用前的环保处理。这是技术的原因。二是对于大量关闭相关企业带来的就业、经济增长、社会稳定方面的问题，地方政府也不得不慎重考虑。一定要认识到，传统发展方式具有强大惯性，并且这么多年来其影响是全方位的。要想立刻扭转是不可能的，转变也要考虑到方方面面的制约因素。地方政府尤其处在这种两难之中。三是中央与地方利益博弈与谈判中，地方要求的与中央能给的差距太大。地方要求中央提供大量补助以补偿关闭污染企业行业的利益损失，而中央所能提供的则少得多，谈判自然成不了。从以上原因来看，雾霾问题的解决涉及多方面因素，不能把复杂问题简单化。在此意义上，雾霾问题也不是短期内就能很好解决的。

① 本条微信是看了网络文章《专家：散煤燃烧是雾霾第一元凶》有感而写。

2015年12月8日
国内的剩余价值汲取

为什么长时间以来中国农民、农民工和普通工人处在弱势地位？农村过去是提留公粮，现在是征地拆迁。农民工和普通工人工资一度被长期压低，还说什么低工资优势。之所以出现以上问题，是因为中国现代化过程中政府与企业都需要实现资本原始积累。在这个意义上，在中国现代化进入中后期之前，在中国国有和民营企业大量走出去，汲取其他国家民众剩余价值之前，这种国内汲取是不会切实结束的，不管道义上多么不合理，法律上多么不公正，不管舆论如何呼吁！当然，这不说国家就应该无所作为，国家应该采取政策使这种对内的剩余价值汲取不致于过度激化矛盾，使经济社会发展不致于不可持续。换言之，国家应该保持一个合理的汲取度并根据形势与阶段推进公正的反哺。

说得很好！中国农民为改革做了最大贡献，中国工人为改革做了最大牺牲，政府应该在一定程度上反哺。

所以俄罗斯的院士称：中国的农民工是推动社会发展的最大动力。

在经济发展中，鉴于二元结构，是保护资本的利益还是保护劳动的利益，不同的发展阶段，政府应该有不同的选择！

2015 年 11 月 14 日
何谓供给侧改革

十八届五中全会明确提出要优化劳动力、资本、土地、技术、管理等要素配置。这一提法很有针对性。之所以要优化，是因为大量的生产要素一方面被集中在传统产能过剩的领域，导致低效率，另一方面由于审批、垄断、准入门槛等限制，生产要素无法进入很多竞争性领域，导致资源闲置和浪费。这种资源配置状况无法有效满足人们的发展享受性需求（天猫“双十一”销售达到 912 亿元即是表现。马云讲，中国真正的内需还未被完全挖掘出来所指也是这种发展享受性需求），无法有效满足新兴产业的资源供给与发展需求，无法有效满足提供大量基本公共服务（城市地下网管改造以及农村基础设施建设等）的需求。资源配置的优化也就意味着要以人们的发展享受性需求、新兴产业的发展需求以及提供大量基本公共服务的需求等新的现实需求来引领、推动产业结构与供给结构的转型，将资源要素从产能过剩的、增长空间有限的产业中释放出来，转移到满足新需求、引领发展方向的新产业、新领域，并且以此为前提提高生产要素的供给效率，降低供给成本。

2015 年 7 月 8 日
很多知识分子可能并不懂股市

这几天股市一出问题，很多知识分子发表评论，好像都很懂经济学一样。其实，有几个能讲清楚的？真懂的话还赔那么惨？尤其有的同志高兴了，好像国外敌对势力罪恶的证据又出现了，好像自己代表了民族正义的化身。知识分子不好好搞学问，股票也不会炒，还搞的自己好像政治家一样，不清楚自己的定位。投机股市挣钱的时候怎么不考虑民族大义？赔了就成了民族问题？

这些拼命呐喊的，都是被深套的，急需政府救市解套，不说得严重点能行吗？

搞清中国独特的政治经济学很重要。

2015 年 7 月 7 日

投机的股市

这几天打开微信就是股市的消息！我既不太懂，也不愿看。前几天和一个好友微信交流过，有人认为国家把股市看成圈钱场，股民也是充满了投机心理，赚了钱得意高兴，赔了钱就抱怨政府无能，抱怨国外敌对势力。国外资本即使对本国的股市也是投机啊，这是其本性。到了中国就成了阴谋，成了敌对势力。难道股市就应该一直挣钱？

国家在投机、股民在投机、机构在投机、外国佬在投机，凑到一块了，出问题了！

真正的股灾可能在未来，一切投机的归宿都是一样的。

股市，真不知道谁在挣谁的钱?

政府应该时刻提醒，没有经验和专业知识的普通百姓远离股市。倡议人民多干实业，规矩诚实守信赚钱。

不健全的阶段，不健全的社会，不健全的制度，不健全的心态，不健全的结果，不健全的评论！我是外行看股市，从不炒股，既没发财，也没破财！

2014 年 10 月 11 日

企业的综合价值

考察一个企业的存在价值，不能单纯看其经济产值、利润、税收以及行业排名，也要看其经济亮丽面背后的代价与成本：产品与服务是否合格、是否存在行政性垄断、是否刻意剥削劳动力、经济行为是否规范、经济效率是否高、创新能力是否足够强、经济活动的负外部性比如污染是否能及时内部化、企业是否具有足够的社会责任,等等。对此找不到一个合适的学术范畴，我暂时将之称为企业的负效应。比如一些国企尽管排名世界前 500 强，但却存在很强的企业负效应，其综合价值就要大打折扣。再比如，“上海大众”尽管销量很好，但其造成的汽车污染却由全社会买单，其负效应也不容忽视！但可惜的是，在当前中国，看待一个企业的价值，主要还是规模、利润、税收与排名，对企业负效应关注不多，对企业的综合价值更是缺乏深刻认识！不论是政府还是社会，基本都是如此！这从一个方面说明我们的观念多么朴素，多么需要与时俱进！思维方式决定现实实践，观念的变革与创新仍是中国改革未竟之任务！转变经济发展方式必须对什么是企业价值与效应形成全面的认识！

2014年9月22日
中国经济“硬着陆”的可能性

传统经济发展方式不可持续已很明显，如果继续权力主导、依赖投资的发展模式，经济的“硬着陆”就是不可避免的！针对于此，李克强强调“微刺激”，强调不会通过宽松的货币政策刺激经济，而是要调结构、转方式。但是，调结构不会很快见效，因为问题积重难返，不是一时之功可以化解的。在这种情况下，在出口与内需乏力的情况下，要稳增长或保增长似乎只有再投资这一条路。依赖投资必然导致硬着陆，但目前似乎又只能依赖投资，而这又必然导致货币超发与通货膨胀，这正是当前中国经济的症结所在，也是克强经济学难以完全落实的原因所在。现在的货币已经在超发，持续的微刺激在很大程度上实际已经变成了强刺激！当然，在城市化的推进时期，在基础设施等公共物品还需建设的时期，投资也不是不可以，但怎样保证投资的有效性是个大问题，特别是在地方层面！总之，在调结构短期内很难达到理想效果的前提下，依赖投资的发展方式实际上很难快速改变，经济的去杠杆化很难做到，投资的有效性也并不容易保证，中国经济一定范围、某种程度“硬着陆”的可能性始终存在！实际上，这也正常，这么多问题，这么严重的问题，完全平稳、没一点风险的“软着陆”才是怪事。摔几跤才能更好地学会走路！对此，既不必害怕，也不必自欺，长期的问题积累下来总需要爆发一下。

2014年9月2日

外企控制某些核心行业怪谁

近来看到一些爱国的微信，把外企控制中国很多经济行业和领域说成是西方侵略、敌对、图谋我中华的一个重要表现！其实，这一局面的造成丝毫怨不得外企，是中国改革开放伊始对外资作用的错误认识与政策失误造成的！在经济至上理念的指导下，我们打开国门，拥抱外资，想以市场换技术，结果市场让外资占了，技术也没换来。实际上，以市场换技术是有条件的，那就是国内市场是充分竞争的，外来投资才会产生技术溢出效应。可惜，长期以来，我们民营经济发展的萎靡，导致除国企外的很多市场领域的外企并无多大竞争压力，它们也就没有足够动力提高技术，反而是长期的优惠政策养成了外企的坏脾气。长期的不合理对待使得民企成了国企的“小妾”，权力的“奴仆”，外资的下人。昨天我细读三中全会文件，发现文件中对民营经济的论述着墨也不是很多，也就是很小的一段，并且具体的支持举措也不多。相反，论述国企改革的内容很多。现在反思，我们过去的政策确实有很多问题。很多情况下，问题是我们自己造成的，如果我们不让外资控制，它们能这么容易轻松地控制吗？该反思了！

贰

政治微评

政治微评

2016 年 12 月 23 日

通过“老三篇”看使命型政党的生死伦理

“老三篇”，即《为人民服务》《纪念白求恩》《愚公移山》是毛泽东的经典著作，也是中国共产党党员都耳熟能详的名篇。这“老三篇”中两篇都是追悼逝者的，一个是张思德，一个是白求恩。这两篇悼文被选为经典非常耐人寻味。实际上，这两篇文章之所以被选在“老三篇”中，很大一个原因是这两篇文章集中体现了共产党人的伦理观与价值观。这种伦理观和价值观在这两篇文章中是以生死伦理的形式展现的。对共产党人来说，生的价值意义是什么？死的价值意义是什么？生死转换的意义如何衡量？就此而言，中国共产党作为使命型政党有其深刻的伦理价值观作为基础。

把握这种生死伦理对理解作为使命型政党的中国共产党来说至关重要。实际上，这种生死伦理自从马克思的著作中就已经开始显现，最早可见于马克思在中学毕业论文中的名言以及马克思自比“被缚的普罗米修斯”。可以说，生死伦理贯穿于马克思以来直至今天的共产党一脉相承的思想理念之中。

这种生死伦理极其沉重。今天来看，它诞生于一种现实极其困难 、条件极其恶劣但目标又极其高远、情怀又极其浪漫的语境中。困难恶劣的现实条件下欲求实现高远的蓝图愿景，自然要攻坚克难，自然要求成员不畏牺牲，英勇奉献，自然会以这种生死伦理教育全体成员乃至民众，并且告诉他们，通过牺牲这种光明前景自然会得以实现。正所谓“为有牺牲多壮志，

敢教日月换新天”！生当有价值，死亦得其所！

从以上意义上讲，生死伦理的产生与存在是有特定条件与语境作为支撑的。只要现实与理想是有较大差距的，只要理想是需要艰苦奋斗才能实现的，只要人们是被这种光明前景所感召的，这种使命型政党的生死伦理就始终会被强调与重视，其也确实有存在的必要性。但如果这种条件与语境发生较大程度的变化呢？如果现实不再非常困难，条件不再非常艰苦，过于高远的目标又逐步丧失吸引力，这种情况下，生死伦理还能发挥其强大作用吗？还能长久得到保持吗？一种稳定的现代化的执政条件，将会对这样一种生死伦理产生很大的消解作用。既然如此，这种生死伦理的发展趋势如何呢？执政党的伦理基础如何调适呢？这确实是意义重大又引人思考的问题！

2016年12月22日

典型示范作为使命型政党的治理方式①

树立劳动模范属于典型示范。而典型示范是使命型政党的一个重要的传统治理方式。使命型政党要想实现使命，不仅要求全体党员信念坚定，发挥先锋作用，而且要求在群众与党员中树立典型，发挥示范作用。这是理想建党与道德建党的内在要求。权力选定模范，宣传模范，塑造模范，圣化模范！

实际上，由于模范的地位与各种好处利益相关联，所以为

① 本条微信是看了网络文章《劳动模范是怎样炼成的：新中国的道德与权力隐喻》有感而写。

了争取成为模范，表演行为往往难以避免；由于权力倾向于把模范圣化，过分纯洁化，所以造成了模范与群众的断裂乃至难以实际效仿；由于现代社会的祛魅化，模范的示范作用大为弱化，现在的很多领域中模范实际处于较为尴尬的位置：升华与圣化的取向与权力要求依然存在，但却无往不在世俗化的氛围之中！

使命型政党的传统治理逻辑与模式如何适应今天的世俗生活呢？

2016年12月26日

作为一种治理方式的文件政治[1]

景跃进教授写了一篇文章《中国的文件政治》，更多是提出问题，有些分析并不深入！实际上，文件政治是中国共产党作为一个权力集中统一的使命型政党的一种传统治理方式。

中国共产党作为一个典型的使命型政党，在建党逻辑上，从普通党员到领导干部，到高级干部，再到党的领袖，德性、能力、素质自上而下层层提升。这是先进的使命型政党的一种逻辑设定！在治党逻辑上，从领袖到高级干部，到一般领导干部，再到普通党员，命令、要求、指示自上而下层层下降。由于中国共产党是执政党，所以治党逻辑在很大程度上就等同于治国逻辑。不论是过多的会议还是频繁的文件，都是这种自上而下治理的方式与表现而已。

① 本条微信是看了景跃进教授的文章《中国的“文件政治”》有感而写。

文件政治表明，在中国的治理模式中，党权是高度集中统一的，自上而下层层传达、落实与推进。这种情况要求中央必须有足够的权威，否则文件缺乏督促落实的效力！中央领导集体特别是领导核心是重大文件起草、宣布、落实的第一推动力。换言之，一种有效的文件政治要求中央必须有足够的权威。否则，文件政治的效力得不到保证。

文件政治表明，整个官僚体系是自下而上，层层对上负责的。各级权力机关仍然是治理的绝对主体，而民众的能动性尚未得到有效的重视与发挥。这是使命型政党已经在尝试突破，并且以后仍然需要进一步探索的一个核心难题。文件往往代表上级的要求任务，而其与下层民众的诉求有时并不完全一致，甚至差距甚大。

文件政治表明，国家治理体系的现代化尚未完成。治理体系是一套现代的制度体系，它具有相对的稳定性。而文件政治具有比较强的灵活性与权宜性！对文件的过度依赖说明制度的有效供给方面仍然是比较稀缺的。文件政治在治理光谱中实际上居于制度之治与人治之间。

治理当然离不开具有权威的政治权力，离不开自上而下官僚化的科层机构，也离不开必要的文件。文件所体现的政策与制度是互补的。就此而言，文件作为一种治理方式具有其合理性与必要性。但是，过分依赖于此的传统的“文件政治”必须要调整与改变！

2016年12月25日

使命型政党遭遇的启蒙辩证法

法兰克福学派的大家霍克海默和阿多诺写过著名的《启蒙辩证法》，指出启蒙由于种种原因走向了自己的反面！在历史的实践中，使命型政党也遭遇过类似的启蒙逻辑。

马克思主义的使命型政党实际上是启蒙运动的产儿。欧洲的启蒙运动高扬人类理性的旗帜，批判愚昧与迷信，彰显人的主体的力量以及人对于外部世界的认识与改造能力。而马克思主义实际上就是以启蒙思潮为重要理论源头，启蒙运动的价值原则与思维方式也深深影响了马克思主义。特别是在人对世界的认识与改造方面更是如此。在此意义上，马克思的唯物史观只有在启蒙的语境下才有可能提出，是人类理智启蒙与发展的结果与产物。唯物史观揭示历史规律，破除对历史的愚昧认知，是启蒙在历史观上的彻底发展。而马克思主义使命型政党的建立与存在恰恰是以唯物史观为指导和理论依据的。

没有历史层面的规律认知，就不可能产生以之为指导的共产党组织。历史的规律为党组织的产生奠定了理论合法性，提供了理论上的出生证明。使命型政党就是要按照对历史规律的认知，在实践中消灭资本主义，实现共产主义，这就是伟大使命！在此意义上，历史规律对于共产党而言，相当于上帝对宗教而言。对于使命型政党而言，上帝已死，历史规律当取而代之。能够看透历史，实现美好社会，这是一种极其强大的理论自信与极其浪漫的愿景，这一基因一直遗传到此。

但是，这种对历史规律的认知以及在此指导下的政党实践并不都是一帆风顺的，有时甚至是教训惨痛的。苏联和我们中国以前都是如此，柬埔寨的波尔布特更是以规律之名搞了极为荒谬之实！当然，教训的原因是多重的，但是至关重要的一点是，历史规律就那么好认知？可以如此轻易指导现实？历史规律的启蒙在现实中为什么有时会造成这么严重的问题？有时候为什么走向了自己的反面？美好社会的追求为什么没有建立一个人间天国？使命型政党曾遭遇过的这种启蒙辩证法今天仍然值得深入思考！一定要慎言人对历史规律和社会规律的认识，要深刻认识人类理性的有限性，不然就可能导致一种致命的自负！

2016年10月27日

政治民主：追求民众与精英的良性互动[①]

熊彼特的民主概念确实具有极大的启发性。他从一个角度揭示了政治民主的现实性：民主不过是精英通过竞争获取人民的选票而已，人民不过是通过选票选择谁来治理而已！当然，仅仅把民主理解为选举颇为狭隘，因为还有协商民主以及哈贝马斯意义上公共领域的话语民主。政治民主也不仅仅体现在选举中，还体现监督制约与参与管理中。但无论怎么讲，现代民族国家的政治民主确是围绕民众与精英的关系而展开，其根本

① 本条微信是看了文章《民主：一种世俗化的实践理性——评熊彼特的民主观兼谈对我国政治文明建设的启示》有感而写。

是民众对政治精英的选择、合作、监督与制约。

换言之，现代政治民主的实质是精英与民众的关系问题以及二者的对立统一问题。现代民主政治的最佳目标应是追求民众与精英之间关系结构的合理化、优化与稳定化。没有精英，民主往往缺乏行动能力，无法具体运作，将会沦落为大众的喧嚣、各行其是与分散化行为，没有大众，民主就会堕落为精英的垄断与集权专治！

从精英与大众关系的角度看民主，所谓大众民主只是一种部分虚幻的意识形态设定，其并不完全真实，也并不那么崇高。抽象的整个人民当家作主在理论层面有其意义，但实践中并不尽然。我们还是把有效的政治民主看成是民众能够有效选择、监督、制约精英并与之在某些环节展开合作的机制为好。就此而言，一种有效的民主在实际操作中并不意味着大众直接当家作主，而是意味着民众能够有效产生并控制、规范精英。一种有效的民主机制是一种规范有效的精英生产与再生产机制。

2016 年 10 月 26 日

现代政党与民众的双重契约

从政治哲学的角度讲，不论东方还是西方，现代政党与群众的关系实际上是一种契约关系。这种契约关系包括两个层面：一是道义契约或称之为伦理契约，是指政党在理论或理念上主张或声称代表民众利益，以此换取民众的认同与支持。这种契约在政党的指导思想中往往会得到清晰、完整、集中的表述。

这种道义契约只是涉及价值理念与利益追求，它表明政党的价值追求与愿景许诺。只要群众认同了政党的价值愿景而并不表示反对，这种契约即已达成。在这种道义契约的达成中，政党处于主动地位，而民众处于被动地位。

除了道义契约外，政党还应该与民众之间形成稳定化的制度契约，特别是在执政以后。所谓制度契约是指通过系统的制度建设特别是法治明确规定政党的权力、责任、义务，运行的规范、机制、程序，对其的监督制约；明确规定民众的权利与义务；明确规定政党与民众沟通、服务的机制、内容、途径与形式。通过系统的制度建构，契约双方的责权利才能有效明晰化、稳定化、规范化。一种稳定的现代民主政体，需要这样一种稳定的制度契约。在这种制度契约中，民众不仅仅是被动的政治客体，同时也是具有相当程度能动性的政治主体。

道义契约是一种宣示，相对柔性而内隐，是契约的原初阶段，其重内，直击人心。制度契约显于外，明确而规范，是契约的成熟形态。完善的政党与民众的关系不能仅仅停留在道义契约，而必须最终落实到制度契约。这是现代政党政治发展的基本规律。

如果说道义契约侧重于政治哲学的层面，那么制度契约则侧重于政治学与党建的层面。这两种契约同时存在又有所区别。特别是这两种契约的区分不是没有意义的，它可以提示我们从契约的角度来看待政党与民众关系的发展演进、现代化程度以及规范化程度。

2016年10月22日

使命型政党的特征

在政党研究中，已有使命型政党的提法，我在以前的文章中，也曾在对之有过分析，并将之与现实型政党做过对比。但以前的分析并不系统也未深入，但实际上这个概念对于理解马克思主义政党是一个极为重要的本体论问题。

从思想史与政党发展史的角度来看，使命型政党具有以下特征：其一，具有明确的长远使命与宏大目标，而其使命与目标很大程度上具有超越性乃至彼岸性，并非短时期内能实现的。在实践中，或者以长远使命理想为准则直接校对乃至改变现实（当然，这样往往欲速则不达，适得其反），或者因为经验教训重视现实但始终强调不能放弃远大理想。其二，在通达最终使命或目标的过程中，使命型政党往往不得不在中观层面再进一步划分相继的阶段与步骤。因为超越性的使命往往并非可以一蹴而就的。其三，围绕使命的论证与对现实的超越往往形成严密的理论体系。这一体系从内容上逻辑地包括三部分，一是对现实的批判。二是对未来理想的憧憬。三是超越现实通达理想的主体、手段与途径，使命型政党在此中找到自己的定位。其四，层级化、集中化的政党组织结构。使命型政党首先要有把握与通晓使命的精英，他们构成政党的核心，然后要有把使命及其实现策略有效贯彻的党内组织体系，然后是外围的党的社会基础。精英对使命最理解，对规律最把握，他们要先觉内后觉外层层宣教。在此意义上，权力与解释权必须要集中，而真理与德性的掌握逻辑上则往往是随层级不同而梯度降低的。其五，这种使命型政党往往具有极强的组织纪律要求和动员能力。因为超越性使命的实现往往难度很大，所以对于党员来说就必须具有高度的德性要求与纪律要求，而对于党的信众则必须具有极强的动员能力，非如此不足以凝聚共识，汇集力量。其六，使命型政党往往面临一个彼岸理想与现实需求，权力集中与民主分散，使命政党与世俗民众的内在张力。能否有效解决这些问题，关系使命型政党的最终命运。这就要求使命型政党自身的意识形态创新、自身运作体制的创新与治理模式的创新（如果具有执政地位的话）。其七，使命型政党的思想特征与体制特点往往与主张彼岸超越的宗教具有某种相似性：伟大使命、真理启示、道德纯洁、层级组织、广大信众，以及不可避免的面对世俗的不断调适与改革！在一定意义上，在西方文化的语境中，使命型政党可能有其宗教的深厚渊源，因为希伯来文明是西方文化的两大源头之一，尽管后来使命型政党成为一种世界性的存在！

您说的这个使命型政党微微有点类似福山新作《政治秩序与政治衰败》中所提到的意识形态政党。与之相对的则是依附性政党，靠依附性的利益分肥编织起既得利益集团支持网络的政党，这种政党长此以往会失去自主性而倒向腐败或民粹，政治衰败也相应产生。一定程度的对现实的超越，是使命型政党引导现实政治不断前进的良好动力。但是这种对使命及对这种意识形态的把握，尤其是方向和度的把握，考验的是党的集体领导核心的智慧了，路漫漫其修远兮。长征路哇！

2016年6月27日

经验固然重要，教训也弥足珍贵

今年是中国共产党建党95周年。每逢建党纪念日，都会有大量的纪念文章。追今抚昔，在比较的视野中，中国共产党确实不愧是伟大的党，在探索中取得了辉煌成就！但是纵览过去的纪念文章，大部分谈经验而很少谈教训。经验固然重要，教训也弥足珍贵，因为其是用巨大的代价换来的！

必须彻底打破教条主义思维。各种教条根深蒂固，有很多我们已经突破了，可能还有一些我们无意识地在坚持。这就要求我们必须具有切实的反思意识、怀疑精神与批判态度，真正从实际出发，从现实的人出发，以实践为检验真理和改革成效的唯一标准，破解难题、解放思想、推动发展。

必须切实处理好党与人民的关系，努力寻求党的领导与人民当家作主有机统一的具体实现机制。必须认识到，仅仅通过经济发展让人民得到物质生活的满足已经越来越不够了！随着现代化的发展，人们的利益诉求多元化，个性意识显现，参与诉求不断增强。在这种情况下，怎么样既坚持党的领导，同时又切实尊重人民当家作主的地位，显得尤为重要。尽管已经明确“党的领导”“人民当家作主”与“依法治国”三统一的原则，但具体怎么统一依然是一个有待进一步探索的问题。有效的人民当家作主是保证共产党执政地位的重要前提基础。这实际上就是当年毛泽东与黄炎培谈的如何跳出历史兴亡周期律的问题，即根据民主解决这一问题。具有中国特色的民主形式、途径还需要进一步开拓。

必须切实落实“党在宪法法律范围内活动”这一理念，使共产党执政有规可循、有章可依，这是避免人治的有效举措。当前这一方面的立法还需加强。这种规范党的执政行为的法律，一方面可以通过成文法的形式予以推进，另一方面也可以系统化的惯例法的形式予以实现。当然，也可以两者并用予以推进。考虑到中国的实际，惯例法的形式可能性更大。只有通过相关立法工作，“党在宪法法律范围内活动”这一理念才能落地，才能具体化！

以上几点并不全面。但其表明，理论上纪念我们党的最好方式，是以鲜明的问题意识，反思教训，着眼未来，推进我们党的治理模式的现代化。一味地经验宣扬与溢美之词实际上意义并不大。

2016年6月7日

如何看待马克思主义的阶级分析方法与阶级斗争观点

如何看待马克思主义的阶级分析方法与阶级斗争观点？今天与学员交流时，有学员提出《共产党宣言》中所讲的阶级分析方法与阶级斗争观点今天如何认识？这个问题提得非常具有针对性。个人认为，阶级分析作为一种方法还是适用的。因为按照列宁的定义，阶级是在生产关系中处于不同地位的集团。而今天在生产关系中，仍然有处于不同地位的集团或群体。所以在这个意义上，阶级分析方法还是可以适用的。但是从阶级分析方法未必然会导出阶级斗争的判断。而马克思之所以导出这样一种判断，是基于特定的时代形势和价值理念。在早期资本主义的特定形势下，马克思突出了阶级之间斗争的一面，忽略了阶级之间合作的一面。而且当时也没有说明，阶级之间即使有斗争，斗争的形式也未必是你死我活革命式的。再一个，他认为，这种阶级之间的暴力革命和斗争会在短期内完成，而这是一个打破规则与秩序的过程。实际上，反思马克思的观点，我们认为，阶级之间不仅有斗争也有合作，而且阶级之间的合作更是一种历史的常态，不然的话，只有斗争，没有合作，人类社会早就在激烈的内部冲突中解体了。即使有斗争，斗争形式也有激烈与和缓之分，而和缓的斗争更为经常。也就是说，阶级之间的斗争很多情况下并不是短期内你死我活就完成的，而是长期的不断摩擦、磨合、调适的过程。合作的长期性与这种和缓斗争的长期性，决定了阶级之间必须要寻求某种规则，以指导各种和缓斗争与合作。不同的时代，规则不尽相同，今天就是民主法治的现代制度规则。在这种现代的制度规则体系内，不同的群体、集团既有斗争也有合作，但是都具有可控性。综合以上，从阶级分析方法未必一定导出阶级斗争的判断，尽管马克思基于特定的形势与价值理念得出了这样一个认识，尽管长期的传统使我们一提到阶级，一提到阶级分析，就想到阶级斗争。

2016年5月31日

美国的遏制与中国的反遏制[①]

我再次不能同意郑永年先生的观点（参见郑永年的文章《中国的选择将决定亚洲是战还是和》）。

当然亚洲的未来状况和中国的战略选择有很大关系。但是，亚洲的状况更大程度上取决于美国的认知和行为选择。亚洲问题的实质是中美关系问题，是美国代表的传统全球秩序与中国崛起所代表和要求的规则秩序在某种程度、某些领域摩擦碰撞的问题，是美国遏制与中国反遏制的关系。在这样一种情况下，遏制的一方美国具有主动权，中国的做法更多是反应式的。当然中国在发展过程中需有一个和平的亚洲环境，但是能否实现这一点很大程度上取决于美国的做法。

再一个，郑永年文中认为，中国要缓和与亚洲邻国的关系，就要通过各种经济项目真正使得亚洲邻居受惠，要在战略上持开放态度，随时和周边国家进行政治和外交谈判，回到“搁置主权争议、共同开发”的道路。实际上这正是我们一直的主张和一贯的做法，可惜实际效果并不明显。

在另外一本书里面，郑永年认为，中国可以利用美国在南海的存在这一事实把自己的国家利益最大化。他认为，当美国感觉到中国在排挤它的时候，它会尽一切力量来保持和强化其在亚洲的力量，来挤压中国在亚洲的空间。而当美国感觉到中国欢迎它在亚洲的存在，并且采取的是合作态度的时候，它反

---

① 本条微信是看了郑永年网络文章《中国的选择将决定亚洲是战还是和》有感而写。

而会愿意分享自己的亚洲的空间。实际上这一观点是非常荒谬的。美国来的目的就是有意遏制中国，中国怎么可能欢迎？这是典型的一厢情愿和阿 Q 精神。看看最近美国国防部长卡特关于南海的言论，美国这种遏制就看得非常清楚。

2016 年 5 月 29 日

国家制度在先，民主化在后？[①]

中国经济社会的不断发展要求我们必须积极稳妥地推进中国民主政治建设。当前，关于中国民主发展的步骤与模式，理论界存在各种看法，而新加坡国立大学郑永年的“国家制度建设在先，民主化在后”就是其中较有影响的一种观点。郑永年认为，民主化不等于国家建设，当前中国在发展民主之前，首先需要进行国家制度建设。如果没有相应的国家制度建设，民主化将会导致国家的解体。国家制度建设是指什么呢？郑永年并没有给出一段集中、完整的论述。我们可以从其论述这一问题的《政治改革与中国国家建设》与《民主化的中国模式》两文中概括其观点。郑永年认为：“以民主政治为界，现代国家制度建设可分为三类。第一类制度必须在民主化发生之前建立，一旦民主政治发生，这类制度就很难得到建立或者根本没有机会得到建立。第二类制度在民主政治发生前建立，但在民主化之后会发生变化。第三类制度则必须发生在民主化之后。第一

① 此文是我在中道网发的文章，原题目是“国家制度建设在先，民主化在后——评郑永年关于中国民主道路的设计”。

类制度是现代国家的基本制度……包括国防、外交、法律、税收、财政、金融、中央地方关系、医疗保险、社会福利、教育，等等。在发达民主国家，这些基本制度都是在民主制度发生之前建立的。”“任何一个有效的民主政治必须具备有效的社会政治基础设施，包括社会保障、医疗保险、教育和环保等方面。”在谈到中国目前政治中存在的问题时，他认为，这些问题与现象和中国的国家建设中存在着的一些基本问题紧密相关联。“没有健全的市场规则，经济活动就会显现乱象，……没有健全的政治规则，政治活动就缺少了制度的依据，乱象就是不可避免的了。”综合两文中的相关论述，将郑永年所讲的国家制度归结为一国较为健全的基本经济、社会与政治制度似乎并不违背其原意。

应该讲，郑永年强调国家制度的先行完善，强调通过制度建设来为民主化的发展奠定基础，从而增强民主实施的可控性、降低民主实施的风险性、确保民主实施的秩序性，其立意积极中肯，分析也较为深刻，有可取之处。但是，对于郑永年的这一观点，细思之下也不免会产生一系列的疑问：发达国家所谓基本制度的建立难道都和其民主化进程完全不相干吗？在当代中国，什么时间国家制度建设才算是基本完成？我们是不是要等到国家制度建设基本完毕，才开始民主化进程？相关国家制度特别是民主政治制度与社会领域制度的建立与健全难道能与民主化过程截然分开吗？我们不是一直在致力于推进民主进程吗？下面的分析将会表明，国家制度建设在先，民主化在后的观点虽有其道理，但这种两分的思维方式形而上学意味浓重，在很大程度上误读了中国民主政治的发展进程。

其一，郑永年认为，在西方发达国家，国防、外交、法

律、税收、财政、金融、中央地方关系、医疗保险、社会福利、教育等基本制度都是在民主化之前建立的。这实际上并不完全准确。比如，在西方社会，健全完善的社会保障并不是哪一个国家的统治者在没有民主压力的情况下自己积极主动推进的。力量不断强大、组织性日益增强的工人阶级、普通劳动者的不断反抗、不断斗争，促使资本主义国家不得不通过制度化的民主渠道来将反对力量纳入体制之内以免社会在动荡中走向毁灭，不得不加大社会公平调节力度、建立健全社会保障以化解社会积怨，重建社会秩序与信任。实际上，西方社会保障大规模推进时期恰恰是民众政治权利不断拓展，民主化持续推进的时期。社会的问题与民众的诉求使得国家的制度与政策不得不进行调整。这种民众政治权利的拓展与实现使得民主化具有了切实的内涵。扩而言之，尽管西方社会在大规模的民主化之前，一些基本的国家制度已经建立，但随着公民各项民主权利的扩大，随着民主化进程的不断推进，一些旧的制度被废止，一些新的制度得以确立，一些原有的制度得以调整，整个西方的制度体系在民主化的推动之下不断变迁，总体而言不断文明化。换言之，民主化在很大程度上推动了整个西方制度体系的发展与创新。所以，在这个意义上，郑永年的“民主化可以是一股强大无比的摧毁非民主的旧制度的力量，但很难充当同样强大的力量来建设新制度”的观点就是有失偏颇的。此外，郑永年认为，这些基本制度必须在民主化之前建立，一旦民主政治发生，这类制度就很难得到建立或者根本没有机会得到建立。确实，像国防、外交等制度始终为一国所必需，但财政、金融以及上面所论的社会保障制度为什么在民主化之后就很难得到

建立或者根本没有机会得到建立，确实让人感到有些费解，而郑永年对此也没有给出理由充分、足以让人信服的论证。可能西方社会的发展是如此，但这一逻辑是否具有普遍性，还需存疑。

其二，按照郑永年的逻辑，在当代中国，我们是不是要等到国家制度建设基本完毕，才开始民主化进程？但是，什么时间国家制度建设才算基本完成？这一国家制度建设是否完全可以脱离民主化进程而单独进行？面对社会民主参与的热潮与压力，我们是否可以先不予理会而关注国家制度建设？难道民主政治建设本身不就是国家制度建设的一部分吗？这两者能以明显两分的方式来看待吗？

民主的推进与实施自然不能没有一定的基本政治、经济、社会秩序，但对于后发现代化国家而言，有些国家制度可以和民主化进程分开，但有些国家制度的建设在很多情况下并不能与民主化进程完全分开，相反，直接或间接的民主参与对于这些制度的确立、健全与完善发挥着重要的作用，而公民参与本身甚至直接就是政治制度建设的重要内容。面对经济社会发展进程中的利益多样化以及利益矛盾的凸显，公民的民主参与已经对国家的政治制度建设提出了迫切的要求，进一步建立健全民主的制度机制，畅通参与渠道、完善利益的表达、沟通、博弈机制已是时之所需。在这种情况下，尽管“没有健全的政治规则，政治活动就缺少了制度的依据，乱象就是不可避免的了”，但我们不可能不急不缓地先建立起健全的政治规则，再让公民按规则参与。现实不会给我们足够的时间。即使我们预先理性建构一套制度规则，没有民主化的实际进程，这套规则是否适

用，一旦与实践对接是否能实际运转起来也还是一个很大的问题。相反，没有民主的压力与动力，健全的政治规则特别是民主法治秩序是无法建立起来的。正是在民主化的进程中，既有制度的不足，我们需要什么样的制度规则才变得相对清晰明白，相关制度机制才会在参与与博弈中得以建立并实际运转。就此而言，民主推动的过程实际上也就是相关制度机制建立、健全、完善的过程。再比如就民生建设而言，新世纪以来，民生建设之所以受到高度的重视与强调，通过既有制度渠道与社会公共领域的民主呼吁与利益表达发挥了重要作用，而且民主的不断推进与民众的更好参与也必将推动民生建设乃至整个社会建设方面制度的不断合理化与完善化。在这个意义上，郑永年将民主化与国家制度建设两分，认为“民主化不等于国家建设”的观点就是有所局限的，实际上，民主化本身就是国家建设的一个重要内容。

进而言之，只有民众参与下的国家制度建设才能更为有效地保证相关制度机制是切实维护与保障大众利益的。民主参与是相关国家制度建构的动力，也是其正当性的保障。正如有论者指出的：“从减少社会动荡角度来讲，郑永年的这种主张有其可取之处。但是，我们需要追问的是，谁来建构民主所需的国家基本结构，动力何在？如果建构民主化所需的国家基本结构必然意味着对既得利益者的损害，他们显然没有动力推动基本结构的变革，我们也就不能希望他们成为变革的推动者，那么变革的动力源自何处？……由社会大众来推动而建立的基本结构，也就更能体现社会大众的利益诉求和价值取向。这一基本机构变革的过程，由社会大众的参与来推动，体现社会大众

的民意，实质上就是民主化的过程。……所以，国家基本制度的建设，本身就需要民主化。”

其三，郑永年在文章中多次强调，观诸多国家民主化的现实，民主化往往不能成为国家建设的一个过程，反而是国家的毁灭过程。“民主化很可能不是一个国家建设的过程，而是一个国家解体的过程”。他以戈尔巴乔夫的改革和印度尼西亚的民主化进程为例予以说明。但是，戈尔巴乔夫的激进民主改革导致苏联解体的根本原因还并不在于什么国家基本制度建设出了问题，像被大众所弃、执政基础的丧失、既得利益的强大、各种矛盾与冲突的尖锐、问题的积重难返，恐怕是比所谓国家基本制度建设更为重要得多的原因。而印度尼西亚在苏哈托专制政权垮台之后民主化开启进程中所出现的诸多问题和腐败、特权、社会不公、社会矛盾与民族矛盾尖锐有关，恐怕还不能完全归咎于所谓国家基本制度建设出现问题。郑永年的分析提醒我们关注民主化的条件、时机与现实基础，但并不能充分论证民主化必须要在国家制度建设之后的观点，因为这些国家民主化进程中出现严重问题的原因是多方面的，将之归因于国家基本制度建设不能说没有道理，但并不完全到位。通过上述的例子并不必然得出一定要国家基本制度建设完毕了，才可以开始民主化进程的结论。

不同的国家有不同的情况，关键是要分析中国自己的实际与需要，而不是因为某些国家民主化进程由于某些原因出现问题就忽视中国自身民主参与的急迫性。在社会的改革与发展中，有些东西既已必要，就不是我们能够选择或拖延的，相关制度建设当然是越合理越健全越好，但如果深入推进民主政治建设

已是摆在眼前的重大任务，不管原先的制度建设到了什么程度，我们总不能回避！

概而言之，郑永年的“国家制度建设在先，民主化在后”的中国民主道路设计，强调国家基本制度建设、基本秩序与基本能力对于民主发展的前提与基础作用，确实触及了中国民主发展的重要条件问题，具有启发意义。但是，对于当代中国来说，国家制度建设与民主发展在很大程度上并不能够截然分开。一方面，现实要求深化民主政治建设，我们可能没有足够时间从容进行郑永年提出的民主化之前的国家制度建设；另一方面，作为当今中国国家制度建设的内生推动因素，民主发展本身就是国家制度建设的重要内容。

2016 年 5 月 21 日

正视并解决好自己的问题才是根本①

“在美国任何重大的社会抗争，从白人阻止黑人上学，到黑人在地方法院遭遇不合理判决后的骚乱；从占领华尔街运动到戈尔与小布什的总统竞选之争，只要上升到法律层面并有司法系统介入，绝大多数民众都能接受。当今中国社会的法律基础还比较薄弱，舆论、道德、政治、人情都在阻碍着法律制度的运行。这就使得社会丧失了一个基本的‘锚’”。

李稻葵的这篇文章——《中美真正的竞争不在南海》，比较实事求是。确实今天的中国、美国都有各自的问题。美国的问

① 此条微信是看了网络李稻葵的文章《中美真正的竞争不在南海》有感而写。

题某种程度上仍然是典型的资本主义的问题：资本的任性与社会公平问题的凸显。对美国来讲，如何规范资本仍然是一个有待解决的问题。而对中国来讲，既面临着经济市场化如何进一步推进，如何真正地尊重市场规律、更好地约束政府“有形之手”的问题，也面临着有序推进民主、切实健全法治、保障公民权利、规范公共权力的问题。近年来，经济方面的国企改革问题、金融风险问题、去产能去库存问题，这些问题的存在都表明中国的经济、政治、文化与社会各领域正在经历更为深刻的转型，面临更为深刻的挑战。基于此，我们既要因以往辉煌成就而感到自信，但也不能把中国道路与经验夸大化，过分夸张、渲染，更不能动辄就把美国说得一塌糊涂，好似一片末世景象。各个国家解决好自己的问题才是根本。要重视并解决好自己的问题,而不是一味只是批评别人。批评别人很容易，关键是要正视并解决好自己的问题。在哲学上，这是内因的观点。

2016 年 5 月 20 日

从蔡英文的任职演说看大陆应对之策[①]

5 月 20 日是大陆网友狂欢的“我爱你”节日，但是对我国台湾地区“领导人”蔡英文的就职演说，大陆方面不管是官方还是民间，都表达了相反的态度与情感。蔡英文的就职演说没

① 本条微信是看了网络文章《蔡英文 5・20 发言 张亚中七点解读》有感而写。

有明确承认作为大陆底线的“九二共识”，招致不满是必然的。对此，个人认为可以做以下三点思考。第一，大陆今天应该考虑是不是再将“九二共识”作为一个底线要求。过去国民党在我国台湾地区长期执政，“一个中国”的共识很容易达成。而且那个时候大陆实力不像今天这般强大，在很大程度上也只能满足于“一个中国”的口头承诺。“取法乎中，得乎其下”。如果我们仅仅满足于要求对方一般性的承认“九二共识”，那么对方肯定连这一底线都不会承认或采取模糊战略。“取法乎上，得乎其中”，我们只有提出更高的要求，对方顾及压力才有可能降低条件，承认“九二共识”这一底线。并且今天中国实力的强大也使我们有这样一种能力和资格提出这样一种更高的要求。当然，至于更高的要求是什么，可以具体再做战略思考。第二，民进党上台以后，形势会越来越严峻，留给我们的时间越来越紧迫。特别是台独势力长期以来在我国台湾地区的教育中“去中国化”不遗余力，并逐渐产生恶劣影响。如果再较长时期的拖延，后果更是不堪设想，那时我国台湾地区的民众对“一个中国”的认同意识会更弱。第三，在这样一种形势下武力统一的可能性必然会随之增大。长期以来，我们奉行对台湾地区的优惠政策，对台湾地区经济支持很大。但是这种经济的支持与交流并不意味着能够唤起对方民众充分的认同感。所以不能仅仅依赖于此，必须有其他方面的更充分的考虑与准备。凡事预则立，不预则废。

2016年5月18日

中国传统政治的五个特点

中国几千年的传统政治有五个特点，让人感喟。一是所谓“暗箱政治”“关门政治”或“密室政治”，举凡重大事项皆不是公开按程序作出，而是由少部分人秘密决定。普通公众所知道的往往只是最后的决定结果而已，至于很多结果是如何产生的则不清楚。实际上这样一种情况就是把普通大众当作纯粹的政治客体了。与之相比，现代社会，“让权力在阳光下运行”则是一项基本的价值理念。二是管民、牧民的等级心态与权力心态。一旦与权力沾边儿，好像就能量倍增、身价倍增，就与普通百姓截然分割开来，就似乎可以高高在上、欺压弱者，就好像自身可以超脱法外，肆无忌惮。三是在政治博弈上“胜者王侯败者贼”，“赢者通吃、弱者无食”的零和甚至负和博弈的思维与行为取向。缺少沟通、交流、合作、共赢这种正和博弈的思维与价值取向，所以总是斗来斗去、你死我活、不共戴天。四是以集体取代乃至消融个体。所谓家、国在价值序列上是远高于个人的。五是严格的等级秩序。在这样一种等级秩序中，在上者为主，在下者为奴。由于每个人都处在这样一种等级制度中，所以一个人可能既为主也为奴，同时兼具主性与奴性，此谓“主奴根性”。

2016年5月4日

改革举措到底应如何落实?

当前在改革中，存在着中央改革思路无法有效在地方落实的严重情况。从中央到地方，各个层面不停地发各种要求落实的文件，以文件落实文件，以会议落实会议，以讲话落实讲话，可谓文山会海。而基层为了应付名目繁多的检查也耗费了大量的精力，应接不暇。那么，改革举措到底应该如何落实呢？我觉得有三个方面的问题可能需要注意。一是中央层面，不要提出太过于明确、统一但脱离地方实际的硬性任务要求。比如什么工程，比如什么目标，比如什么部署，等等。中央有中央的考虑，但是如果地方层面缺乏完成任务的条件与基础，那么大范围的弄虚作假就成为必然。二是必须给予地方足够的空间、平台与自主性，让地方可以自由探索、创新，有效回应地方民众的需求，这样才可以。如果对地方管束过紧，地方只有压力没有动力，没有足够的空间平台去探索创新，去回应民众需求，就无法提高地方的治理效率。所以，当前我们在改革中，还有一个中央向地方进一步选择性放权的问题。当然，中央可能有所顾虑，那就是放权以后如何对地方进行有效的规范与约束？这就涉及第三点，那就是让民众广泛有序参与，实现社会力量的体制内纳入。让地方民众在制度框架内有效地监督制约地方权力，保证其有效回应地方需求。没有这种大的治理结构的调整与合理化，全面深化改革的有些任务在今天这样一种自上而下的压力型体制下，往往很难有效贯彻落实到地方。

2016年4月23日
中国崛起既要靠“王道”，又要靠“霸道”①

“霸道”即是硬实力，“王道”即是软实力。一张一弛，文武之道。我理解，软实力的核心是文化理念的软实力，即世界其他国家、民族特别是周边国家、民族对我们文化理念的熟悉、认同与吸收借重。如果中国的文化理念对其他国家特别是周边国家具有广泛的影响力、号召力、渗透力，其他国家对我们的文化理念有亲近感、一体感、我们感，而不是陌生感、排斥感甚至敌视感，中国文化就真具有软实力了，就可以达到不战而屈人之兵，攻心为上的效果。如果不是这样，软实力不行，硬实力越增强，其他国家特别是周边国家就越警惕，因为它对你没有文化与心理的认同感，搞不清、摸不准你强大以后要干什么。就此而言，文化软实力对中华民族的伟大复兴而言至关重要。但当前，中国的文化软实力存在明显的不足。突出表现在两个方面：一是在外宣领域文化资源、文化名片、文化符号过于单一，过于依赖传统文化，当代中国价值理念概括提炼不够，影响有待提升。老祖宗要依靠，但更要讲新话，建新功。二是在中西文化的对比竞争抗衡中，自近代西学东渐以来，整体而言，到今天恐怕还是西风压倒东风。西方的文化，西方的语言具有优势，我们尚整体处于守势。比如改革开放以来英语在中国之影响就说明了这一点。就此而言，文化软实力的提升任重而道远！

---

① 本条微信是看了阎学通文章《中国崛起最大的国内挑战是极左思潮》有感而写。

2016年4月8日

中国治理模式的特点

改革开放以来中国的治理模式，在很大程度上可以归纳为：调研式决策，压力型执行，工程式思维，项目制管理，典型化感召，动员式参与，竞争式考核！调研式决策是指政策议程的设置主要由上级通过调研了解情况决定，社会力量的自主性体现不充分；压力型执行是指决策制定后通过自上而下的压力型体制层层分解任务落实；工程式思维是指中央与上级的宏大任务部署往往是通过具有明确期限的工程形式去实施。比如脱贫攻坚工程等各类中央、部门以及地方的工程；项目制管理是指上级的宏伟任务与工程蓝图往往要进一步细化为地方与部门所承接或争取的各种具体项目。典型化感召是指公权力在完成任务目标的过程中，为了更好地发挥激励作用，要树立典型作为标杆。典型可以是一个地区、一个部门、一个群体、一个事件、一种做法，当然，更有可能是一个人；动员式参与是指为了完成任务，公权力往往要充分动员相关人员共同参与。比如全体领导干部招商引资，比如为创建卫生城而全体动员。动员式参与往往不计成本、不论代价、不管后果；竞争性考核是指在官僚体系内部就完成任务情况进行竞争评比，奖励胜者，贬抑败者，以激发官员内部的积极性。以上七个方面较为完整地体现了转型时期执政党作为权力中心自上而下推动改革发展的方式逻辑。成功在于此，问题很大程度亦在于此。

2016年1月20日

中国改革进程中的官僚性既得利益群体[①]

此文原写于2011年，当时考虑到各种因素没有发表，最近我又看了一下，觉得依然有一定针对性，就发了出来。文章最后本来有这样一段话："具体到我国而言，尽管整体来说现阶段官僚性既得利益群体离固化的、全局性的、具有强大组织能力的利益集团仍有相当距离，但由于监督制约机制不健全，局部性的既得利益群体存在利益集团化之忧。换言之，既得利益集团在某些地方、某些部门、某些领域、某些单位有加速发展的倾向和渐已形成的趋势。"尽管由于形势变化，我在发表时删掉了这段话，但联系到十八大前的一些现实，这一判断当时还是有一定道理的！

在现代社会中，从理念上讲，相对于各利益群体而言，公共权力应该是一种自主而独立的力量，其所代表的利益应具有公共性，与社会上各种形式的特殊利益相对脱离。用我们党的政治术语讲，就是应"代表最广大人民群众的根本利益"。在公共政策的制定与执行过程中，公共权力应免受特殊利益群体或集团的干扰，更应避免自身形成特殊的利益群体乃至集团。由于公共权力具有强制性与公共性，所以在现代社会中不能从事营利性活动，而只能依靠税收维持正常运转。

但是，在社会的急剧转型期，在缺乏有效规范约束的情况

① 此文是中国网向作者的约稿，原题目为"官僚性既得利益群体问题比腐败危害更甚"。

下，公共权力的行为往往脱离其公共职能而出现市场化、企业化现象，甚至成为寻求自身特殊利益的利益群体。由于公共权力能够制定政策乃至立法，所以，在狭隘群体利益的驱使下，就可能出现群体利益政策化甚至法律化的情况。与公共权力功能的畸变相伴随的是其自主性的降低与公共职能的削弱。前者主要体现在社会利益群体或集团不正当地影响公共权力决策，后者则表现为社会政策的缺乏、民生领域的凋敝、社会秩序的不稳定、生态环境与人文环境的恶化。

事实表明，在我国改革进程中，掌控权力资本的某些群体及其成员已经不合理地介入到整个社会的利益分割中来，以权谋私、假公济私、损公肥私、化公为私，为个人或小集体谋求私利，进而造成了各种各样的问题，形成了各种各样的既得利益群体。虽然我国改革是由公共权力主导与推动的，公共权力对于社会利益分割的介入具有不可避免性，但这种介入毕竟还应该有一个度的问题。过度的介入极有可能使得权力部门本身沦为一个纯粹的牟利主体，从而激化社会的利益矛盾。

就我国的改革进程而言，公共权力对于社会利益分割的这种过度介入，在 20 世纪 90 年代初社会主义市场经济体制确立以后速度与力度均大为加强。这并不是说在此以前就不存在这一现象。众所周知，在 20 世纪 80 年代就存在严重的“官倒”等问题，但此类问题只是发生在经济生活的某些领域且为当时的社会所批判，而公共权力对经济领域的放权让利是当时的共识性思路。

但市场经济体制开始确立以后，情况则有所变化。市场体制的确立与发展极大地盘活与增进了社会的利益资源总量，而

由于市场经济体制的不完善，由于巨大的利益诱惑，由于经济发展的政绩观，公共权力在很大程度上成为市场主体，相当程度地介入到整个社会的资源配置与利益分割中来。由于这种介入的广泛性与深度，整个经济社会领域也逐渐形成了与之相应的体制机制。并且，这种介入以及相应的体制机制的形成与确立在“发展是执政兴国的第一要务”的理念宣传下似乎具有了某种正当性，为各级公共权力机关所实际认可，整个社会似乎也默认了这样一种状况。这种渗透与介入虽然确实推动了中国经济在速度与数量上的飞速发展，但却也隐含着极大的问题与风险。

实际上，也正是在市场体制确立与发展以后，改革中权力行为的不规范性愈益突出。这种不规范性一方面表现为越来越严重的贪污腐败问题，另一方面表现为越来越明显的官僚性既得利益群体问题。腐败问题与官僚性既得利益群体问题虽然都是公共权力运行不规范的表现，有着共同之处与紧密联系，但两者仍存在性质的差别。

腐败在任何一个现代文明国家都属于制度严禁的违法行为，而既得利益群体在很大程度上则是依附于既存制度，借助于现行的体制机制牟利；贪污腐败主要表现为个体行为，而既得利益群体则是群体化的行为，是批量性的部分质变；由于非法，腐败通常都是隐蔽的，而既得利益群体所采取的基本属于公开或打擦边球的方式，“合法”地以某种似乎冠冕堂皇的理由利用公共权力谋取私利。正由于此，人们往往对腐败更为关注，批判、打击力量更大，而对既得利益群体则往往认识模糊，遏制力度相对较弱。

实际上，由于既得利益群体涉及整个制度机制，其危害在某种程度上更深、更具全局性、更持久，治理起来也更为棘手。利益群体本身是一个中性的范畴，在现代文明社会中各种各样利益群体的存在也是一种常态，但我们在此所论的既得利益群体指的是通过不规范、不公正、不合理的方式先于其他阶层或群体获取大量利益，并具有某种程度的共同利益意识与一致维利倾向的特殊群体。当前中国官僚性既得利益群体是在改革进程中逐渐形成的。

其一，我们的改革是渐进式的，换言之，是分阶段、分步骤、分层次地对原有的体制机制或制度政策进行调整与革新的。这种改革方式特别容易在改革进程中形成各种既得利益群体。由于改革的渐进性与非均衡性，必然是增量改革在先，存量改革在后，易的改革在先，难的改革在后，这必然使得体制核心处与关键领域的改革迟滞，而这种迟滞也就意味着改革没有根本触动与核心处及关键领域相应的群体或阶层的既得利益。随着改革进程的深入，在资源配置中占据政策或体制优势的群体作为既得利益者往往成为进一步改革的阻力，他们规避改革风险，转嫁改革成本，只想获取改革收益。没有敢啃硬骨头的勇气与智慧，不有效遏制既得利益群体的膨胀并使各群体合理分摊改革成本、共担改革代价、共享改革收益，就不可能从根本上解决转型阶段的利益冲突，有效整合社会利益关系。

其二，在我国的改革进程中，政治体制改革的相对滞后、社会力量的相对弱小使得对公共权力实质性、有效的监督制约难以形成。

其三，市场机制的引入，尤其是公共权力作为主体对于经济活动的大量介入，使得公共权力所掌控的资源与机会大量增加，收益也大为增加。由于改革迟滞，核心或触及关键领域的既得利益本来就没有有效打破，而现在通过干预经济，公共权力又获得了新的利益。由于这一新的利益总量巨大，既可与政绩挂钩，还可借机谋求个体与小群体私利，所以，一旦获得，再想排除自然难度极大，而一旦难以排除，就会形成新的既得利益。这样，原有的既得利益与市场经济条件下新的既得利益两相叠加，掌控权力资本的某些群体及其成员必然会形成强大的既得利益群体。

概言之，对于大大小小的官僚性既得利益群体而言，其形成的要素基本有五：一是大量的既得利益，二是利益追求的狭隘性，三是牟利方式的不规范性，四是一定程度的共同利益意识，五是一定程度的一致维利倾向。

当然，这种一致的维利倾向并不意味着既得利益群体已经形成一个明确的组织集团，而是表明其可能具有某种程度的组织性、群体化行为能力。官僚性既得利益群体作为一个明确的独立组织集团而活动在一般情况下是不可能的。因为在任何一个国家中，官僚性既得利益群体都不可能以公开的另立组织的方式脱离权力系统而存在与行为，这既不为任何一个国家的权力系统所允许，既得利益群体也没有必要通过这种方式来谋求利益，对他们而言，不显山不露水地依附于体制是最可靠最保险的，即使在某种程度上显山露水也以不脱离现行体制为宜，因为只有如此才能运用现行的公共权力为自己谋取利益。

脱离现行政治系统与体制，公开地组成小集团意味着其将无法顺理成章地再运用既有的公共权力为自己谋私，除非其想推翻现政权取而代之。即使苏联既得利益群体的发展使其亡党亡国，但在苏联解体以前绝大部分时间内其也没有公然公开地在政治权力内部另立组织，宣称自己另有利益。当然，不存在明确的组织形式并不意味着没有某种程度的组织化、群体化行为能力。共同的利益、共同的地位、共同的前景，往往使得公共权力内部的某些群体或个人形成命运的共同体，这一命运共同体为维护既得利益，在面临外部的压力与限制时，往往会不约而同甚至通过某种沟通采取一致的态度与行为，对于不利于己的措施或拖延，或抵制。

此外，由于他们在公共权力内部，信息获得方面具有自然的优势，这更便利了他们的集体行动。所谓维利行为的一致性，含义正在于此。所以，官僚性既得利益群体可以说是介于自为的正式组织和自在的社会阶层之间的一种特殊群体，在一定条件下，其可能会显现出某种程度的非正式的组织性，具有某种程度的群体化行为能力。

具备以上五点，就可以说已然存在一个官僚性的既得利益群体。官僚性既得利益群体的存在并不是说每一个公职人员都涵括在这一群体之内，其主要是由在各级权力系统中握有较大或相当权力与能量，并且有资本与机会为个人及小集体谋私的党政官员构成，这是其主体与核心部分。

当然，以上分析的官僚性既得利益群体形成的这五个要素本身还有一个程度的问题：既得利益的数量程度、利益追求的狭隘性程度、牟利方式的不规范性程度、利益意识的共同性程度、维利行为的一致性程度等，所以利益群体本身也存在一个发展程度的问题。

那么，现阶段改革进程中中国的官僚性既得利益群体发展到何种程度呢？由于这一问题极为敏感，同时研究者也有不同的立场与视角，在此问题上可谓众说纷纭。综合学界各种观点，基于自己的观察研究，笔者认为，中国既得利益群体发育的时间还相对较短，而且党和国家也一直在积极治理，现阶段的官僚性既得利益群体总体来说还没有发展到一个较为僵化乃至基本定型的程度，尚未发展到具有十分强大、一致的维利行为而日益不可控的地步，党和国家的权威对其还具有较强的震慑力，社会主义意识形态平等、为民的理念对其还具有较强的震慑力，社会大众的强烈批判对其还具有较强的震慑力。当前的官僚性既得利益群体总体而言主要还处在局部，虽然从单位、部门到地区、系统，并不少见，但大多处在既得利益的维护层次，对于利益的进一步扩张尚有所顾忌。

但同时我们也要看到，如果监督制约不进一步加强，官僚性既得利益群体就会存在升级、蔓延的趋势。如果这种升级、蔓延的趋势得不到及时有效遏制而任由其发展，官僚性既得利益群体日益变大，能量越来越积聚，共同体意识越来越强，群体性行为能力越来越强，维利行为越来越统一，牟利行为越来越肆无忌惮、越来越不规范，既得利益群体就会进一步发展为更难治理的既得利益集团。

而如果既得利益集团形成，那就意味着具有自身特殊利益的组织在公共权力内部已经实际形成与存在了，尽管这个组织是非正式的，一般不会公开化——除非像苏联解体前夕的既得利益集团那样要推翻现存制度。这种独立的具有自身特殊利益的组织是否实际形成和存在是官僚性既得利益群体与官僚性既得利益集团的区别所在。苏联之所以解体，一个非常重要的原因就是这种具有自身特殊利益的既得利益集团越来越具有全局性而最终失控。

综合各方面因素，我们对于中国现阶段官僚性既得利益群体的发展程度既不能过分夸大，但也不能掉以轻心，可以说目前正处在一个可治理的关键阶段。采取各种措施加大治理力度是现阶段改革的当务之急，也是社会利益整合的迫切要求。

大赞，既得利益群体的危害更无形，对价值体系的影响更深远。

你的研究有前瞻性。理论研究如果都是事后辩护，是不行的。

2016年1月11日

中国不会再向人治倒退！

前几天有朋友或学生问起中国是否有可能再向人治倒退。这确实是一个极端重要的问题，历史的前车之鉴需要深刻反思与铭记。我觉得问题的关键取决于两个方面。一是权力、市场与社会的力量结构如何。如果随着中国改革的进一步推进，现代化程度的进一步提升，三者的关系结构与力量对比进一步规范化、平衡化，市场与社会独立性不断显现，力量不断增强，权力的任意性就会受到很大程度的限制，不能随意而为，人治的可能性就会大为降低。反思过去，人治之所以盛行，市场与社会没有从一体化的政治中相对分离出来，力量太弱小不足以对权力形成有效制约是基础性原因。现在的中国正沿着一个正确的方向发展。二是制度建设特别是民主与法治的健全完善。制度的健全完善可以对权力形成有效的规范约束，推进权力运行的公开化、程序化、民主化、法治化，规范其自由裁量，限制其任意。比如对于政府制定权力清单，明确权力运行的程序、责任与边界，等等。十八届三中全会提出的治理体系现代化即有这一方面的考虑。在这种制度建设中，尤其需要强调的是中央层面在人事选任与权力运行方面的规范化、法治化。做好中国一切事情的关键在党，党建的关键在于有一个好的中央委员会，一个好的委员会的关键在于一个好的政治局（邓小平强调过一个好的政治局对于中国的极端重要性），一个好的政治局的关键在于一个好的政治局常委会。这两个方面，一是结构，二是制度，影响与决定着未来中国社会不会向人治倒退！

制度改革，实现决策权、执行权、监督权的合理划分，真正意义上打碎了原先各机构中存在的家长制弊端。

历史上曾有过惨痛的教训，值得深思，不能重演了。

历经历史上的一系列教训，中国共产党已经充分注意到防止最高权力失控的问题。

2016年1月9日

怎样算是一个好领导

怎样算是一个好领导？根据我自己上领导工作方法课的研究和观察，作为一个好领导，应该在以下四个方面有所作为。一是修德。领导应具备必要的德行修养，对下属行不言之教。具体来讲，坦诚包容、有团队意识和进取意识，做事正派，具有现代民主意识，格局要大，不谋私、不与下属争利，不搞小圈子。修德是领导具有威信的前提，德要配位。二是建制，也就是明确而规范的制度建设，而不是主要由个人意志决定，不是事事个案化处理。特别是制度应具有广泛的民意基础。三是用人。《吕氏春秋》云：贤主“劳于求贤，逸于治事”。领导要注意选任贤能，充分授权，切忌嫉妒与偏见，要关心下属，调动下属积极性，切实增强下属的集体意识。特别要注意梯队培养，对此应有明确意识。四是大事。如果领导既能够修德，又善于建制与用人，相对来说就比较超脱，相对超脱以后干嘛呢？思考大事：大问题、大思路、大发展。以上四个方面：修德、建制、用人、大事，对一个好的领导来讲，恐怕是必要的！

2016年1月8日

党委书记是否可以兼任人大常委会主任

党委书记在什么条件下兼任人大常委会主任是合适的？现

在各个层级的党委书记兼任人大常委会主任几乎已成通例。从理想意义上讲，由党委书记兼任人大常委会主任再合适不过，因为党组织的功能与人大的功能可以实现很好的对接，比如联系民众、反映民意、选任干部、决定重大事项等。经过对接，各级人大就成为各级党委活动的最佳平台。换言之，党委与政府要实现组织与功能的分开，而要与人大实现有机的结合。当然，这是从规范意义上讲的，在党政切实分开的情况下，党委可以和人大对接，融党委于人大之中，党委书记可以兼任人大常委会主任。但是，如果党政没有实现有效分开，党委承担了过多政府的职责，在这种情况下，党组织无法有效对接、融于人大，党委书记兼任人大常委会主任就会流于形式。这是因为，在这种情况下，党委书记往往困于各种繁琐的行政性事务，无暇顾及人大责任之履行。综合以上分析，党委书记并非不能兼任人大常委会主任，只是有如上分析的条件！

2015 年 12 月 13 日

乡镇政府的改革趋向

对于现在乡镇政府的改革而言，一是要按照财权与事权相匹配的原则，在明晰其职能的基础上，切实缓解其财政压力，提高其财政收入，避免因财力不足无法有效履行公共服务，甚至与民争利。二是从过去的管制功能切实向公共服务职能转变，促使其成为能动的公共服务者。三是通过地方民众的切实参与推动其治理机制转变，变单纯对上负责到实现对上负责与对下

负责的有机统一，变压力型体制为参与合作型体制。

2015年12月13日
压力型体制下的地方造假[1]

我在以前的微信中谈到过压力型体制下地方造假的问题，特别谈到未来五年全面小康进程中各项任务目标的落实也不排除这种可能性。果不其然，十三五规划还没实施，就有脱贫造假的事情发生。当然，这篇文章[2]对于原因的分析远不到位。一定意义上，应付甚至造假是压力型体制自身难以完全避免的。为了在政绩锦标赛中胜出，为了特定期限内向上级表明棘手而艰巨的任务已经完成，下有对策就成为自然。对此，我倒觉得不应过多指责地方官员，任务艰巨、时间紧迫、条件约束、竞争激烈，他们又能如何？这其中的关键是治理机制与治理模式的转型。实际上，在压力型体制下，来在上面的压力一旦减弱趋缓，相关问题可能又会重新显现，因为在一开始这些问题很可能只是在自上而下的强大压力下被暂时掩盖与应付。只要以后这一方面不再是上级压力指向的目标任务了，只要规定期限内任务似乎完成了，谁还再管以后呢？如何有效避免未来五年全面脱贫目标在地方层面的部分形式化甚至做假还真是不得不虑。

---

① 本条微信是作者看了文章《杜绝脱贫造假要改变检查考核方式》有感而写。

② 《杜绝脱贫造假要改变检查考核方式》。

2015年12月8日

中央、地方与公民的三维分析架构

学术界近年来流行政府、市场与社会的分析框架，实际上，理解中国问题还有另外一个极其重要的分析框架，那就是中央、地方与公民的框架。在这样一个三维的结构中，中央通过群众路线采集公民的意见诉求形成决策方针，然后自上而下通过压力型体制作用于地方，地方对上级与中央负责。换言之，在这三者中，中央是一个连接民众与地方的转换枢纽，而地方在某种程度上并不与老百姓直接发生关系，地方官员既不由地方民众选举，在授权机制上也不必对百姓直接负责。三者的这种关系架构导致这其中的每一方都感到不舒服：中央要花费巨大精力采集民意，几乎事无巨细，为了保持权威还要对整个干部队伍与地方严加规范管束。由于缺乏民众参与的有效合力，这种自上而下的监督不能不是成本巨大而效果受限的！出现缪尔达尔所说的中央政令贯彻能力退化、中央权威在地方层面消减的“软政权化”在所难免。仅这一点就会让中央挠头不已。就地方权力来说，为完成上级确定的任务考核不得不绞尽脑汁，甚至不计成本、不择手段、不管后果，累得半死。这种向上的负责指向不能不使地方与民众相互脱离与隔膜，乃至一定程度上造成利益指向的背离。当然，在现实中，尽管有这种脱离、隔膜和背离，地方的公权力也不得不面对来自社会的越来越多的诉求，而由于较大程度上缺乏明确有效的对下的制度化沟通与解决渠道，地方政府更是焦头烂额，穷于应付。对于公民来说，利益表达与政策制度诉求要经过中央，绕一个圈子才能达到地

方，大有舍近求远的味道，而且不能对地方在人事以及政绩评定方面发挥特别重要的作用，具体利益诉求反而在地方层面得不到重视与解决。以上的关系状况说明这种三角架构并不牢靠，机制不畅，而公民功能未得到有效发挥是这三维架构中的短板。公民在政治发展中作用的更好发挥可以对中央权威构成极大的支持，也可以使得地方主动直面民众鲜活的具体诉求而不必完全被动束缚于上级的硬性指标。这应该是现代化改革的大趋势。

更贴近中国现实。似乎可以理解民众对中央的信任以及为什么会越级上访的问题。

2015 年 12 月 2 日

压力型体制与干部的夹缝处境

在自上而下的压力型体制下，集中精力完成上级任务成为体制内各级干部的必然选择。在这种情况下，作为领导干部个人以及整个官僚体系往往很难及时有时间与精力有效回应来自社会的大量具体化、多样化、迅疾化的民意诉求。但是，不断成长的社会、不断强化的权利意识、不断生成的民众诉求又在不断冲击着整个官僚体制及其中的官员，使其不得不有所回应，尽管可能是被动滞后的回应。在这种情况下，整个官僚体系及其官员同时受到自上而下的压力与自下而上的压力的影响，而这两者的压力来源又是不同的，需要对之负责的对象也是不同的。这种状况表明今天中国的各级官员很大程度上生存在两种

不同压力系统的夹缝之中，很容易导致角色定位的模糊、紊乱与不清晰。这种夹缝处境越到基层越明显：上面的任务必须完成，老百姓的诉求也不得不应对，在夹缝中辗转。当然，对上负责今天还是主导，也正是因为整个官僚体制的对上负责性，其与整个社会实际在某种程度上是脱离的，没有有效扎根在社会之中，由之出现系统性的官民疏离问题也就在所难免。

对上负责与对下负责啥时候一致了，领导干部就不夹缝生存了。

从理论上讲，上级任务应来自民众诉求，可事实并非如此，于是才有夹缝困境。就官员关系处理而言，除了上下，还有左右，还有前后……

2015年11月24日

党的领导是中国特色社会主义制度的最大优势①

改革开放30多年来，中国成功地开辟了一条符合自身实际、具有自身特色的社会主义道路，并在这一道路上取得了举世瞩目的伟大成就。而深入总结与思考，中国特色社会主义道路的历史性开辟与日益拓展离不开中国共产党的有效领导。就此而言，可以说，没有中国共产党就没有中国道路。党的十八届五中全会也将坚持党的领导作为“十三五”时期我国发展必须遵

① 此文是中国网向作者的约稿，题目未做改动。

循的基本原则之一，强调党的领导是中国特色社会主义制度的最大优势，是实现经济社会持续健康发展的根本政治保证。当然，执政党的自身建设还面临诸多问题，党的领导还需要进一步改善，但在短短几十年中使中国这样一个国情如此复杂的超大型国家在保持总体稳定的情况下较为顺利地实现转型与发展确是极不容易的。

中国共产党为什么能？为什么说党的领导是中国特色社会主义制度的最大优势？这些关键性问题确实应该深入思考。对这个问题一旦思考清楚，中国共产党的领导特质，中国的政党模式一旦能够在话语层面成功建构起来，引人关注、使人理解、让人认同，中国道路在根本点上就具有了话语权。如果忽视了中国共产党这一中国道路的首要、基础与关键性维度，中国话语的建构与创新就是无源之水、无本之木。那么，如何认识作为执政党的中国共产党自身的领导特质呢？2014 年 7 月，刘云山在丹麦哥本哈根商学院召开的“欧洲学者眼中的中国共产党”研讨会上指出，观察和研究中国共产党，可以有这样几个维度，即历史的维度、人民的维度、文化的维度、实践的维度和世界的维度。并且特别强调，研究好中国共产党，实际上就抓住了研究中国的核心，就找到了解答当代中国从哪里来、向哪里去的“钥匙”。

借鉴已有成果，笔者认为，之所以说党的领导是中国特色社会主义制度的最大优势，是因为中国共产党具有以下几个鲜明的领导特质。

其一，中国共产党作为一个使命型政党，具有强烈的历史使命感与长远的价值追求。自共产党诞生之日，马克思主义创始人就赋予其崇高的使命：实现共产主义，实现人的自由全面发展。在我国革命战争年代，这一使命的内容被区分为最低纲领与最高纲领。在当代中国，这一使命的内容又被进一步具体化与丰富化为实现“两个一百年”的奋斗目标。换言之，中国共产党作为执政党考虑的不仅仅是当下的事情、现实的问题，作为一个使命型政党，它有一个长远的目标规划与思路设计。这种使命感使得执政的中国共产党具有一种强烈的历史主体意识与舍我其谁的责任担当情怀，使得其真正将中国的事情、人民的事情作为自己的事情来认真对待与解决，专注于此，不敢懈怠，使得其特别强调自身严密的组织性与严明的纪律性以保证完成使命的能力。与之相对应，很多的西方政党可以称之为现实性政党，其政策设计与目标制定往往局限于一定期限内的选举任务与一定阶段内的现实问题，往往缺乏一种历史的使命意识与长远的发展规划。就此而言，研究中国道路，就必须要把中国共产党的这一特质讲清楚。只有具备这种价值情怀，具有这种长远目标，持续走下去，才会开辟出一条属于自己的道路。当然，肩负使命未必意味着能够很好地实现使命，通往目标的道路也可能是曲折的，就此而言，仅仅这一个特质还不够，中国共产党的成功还要具备其他特点。

其二，中国共产党具有极强的实践性思维，注重实践探索、教训反思、经验总结、思想提升、理论创新，在理论和实践之间形成了一种较为有效的互动。用执政党的语言讲就是形成了一条有效的思想路线：一切从实际出发，理论联系实际，实事求是，在实践中检验真理和发展真理。这样一条思想路线在保证党密切联系群众、有效适应不断变化的客观实际、思想不停滞不僵化方面发挥了重要作用。有了目标，基于这种实践性思维以及以之为基础的思想路线，才可能脚踏实地开辟道路，并尽可能少犯错误、探索前进。

其三，中国共产党具有出色的学习、吸纳能力。改革开放必须要面对新情况、新问题、新挑战，而要熟悉新情况、解决新问题、应对新挑战就必须善于学习，不断提高自身执政能力和领导水平。针对此，执政党明确提出要建立学习型政党并采取有效措施予以推进，而改革开放进程中执政党善于学习的特点表现得也非常明显。需要特别指出的是，海纳百川，充分吸收人类文明的一切优秀成果，借鉴、吸纳其他国家好的理念、经验与做法也是学习的重要内涵，而这也是中国共产党一直强调的。学习是针对当下与将来，吸纳是面向全球与世界。善学习、能吸纳的特点使得中国共产党保持了思维的开放性与时代性。正因为如此，中国的发展才能与时俱进，融入世界，紧跟时代。

其四，与具有实践性思维及善于学习吸纳的特点相对应，中国共产党在改革进程中能够不断从实际出发积极应对各种问题与挑战，有效地实现了指导思想、政策与制度的更替与创新。改革开放以来，共产党作为执政党对于现实问题与民众需求体现出了较为迅速而有效的回应能力。而这种迅速有效的回应能力恰恰是中国共产党成功的一个重要条件。著名学者郑永年对此做过对比分析："从理论上讲，在多党制国家，政策变迁的阻力应当小于一党制国家，这是因为政策可以在执政党的更替过程中得以变化。当一个新的政党掌握政权后，它可以终止上一任执政党的政策。然而，现实却常常事与愿违。在许多民主国家，无论西方发达国家还是发展中国家，反对党并不发挥其建设性的作用，常常是为了反对而反对。在这样的环境中，真正的政策变迁通常十分困难。在中国，却是另外一种情况。如果说西方民主更多的是一种政权更替，那么中国的政治体系，则更多的是一种政策更迭。……从20世纪的80年代一直到21世纪，中国已经实现了几次重大的政策变革。面对不同的局势，以合理的政策变迁加以回应，如果无视执政党的这一巨大能力，那么我们就无法理解近几十年来中国发生的巨大变迁。”[①] 从邓小平理论到“三个代表”重要思想再到科学发展观，改革开放以来党的指导思想在不断与时俱进，习近平总书记最近又提出了“四个全面”的战略布局。党的十八届三中全会提出的国家治理体系现代化，以及四中全会提出的全面推进依法治国都涉及制度的不断变革与创新。

其五，中国共产党具有强大的组织与动员能力，以及自上而下的强大层级支配能力。这一特点体现在改革发展中，就是政策与制度目标一旦确定，就会发挥组织优势，充分利用与调动各种因素与资源，全力以赴，集中力量完成既定任务。

以上这些特征，决定了中国共产党今天为什么能！而用合适的概念、恰当准确的语言概括、表述执政党的这些特质，积极有效地予以传播，应是中国话语创新的一项根本任务。

---

① 郑永年：《新时期的中国共产党：挑战与机遇》，中国改革论坛网 http://people.chinareform.org.cn/Z/zyn/Article/201307/t20130705_170909_1.htm.

2015年11月24日

压力型体制的限度与向参与合作型体制转型

中国当前的政治体制是自上而下层层任务下达与落实的压力型体制。自十八大以后特别是当前一段时间，这种压力型体制表现得更为明显。一方面，十八届三中、四中、五中全会的精神要严格贯彻、按时实现，尤其是全面小康的各项指标是有明确时间点的硬任务、死要求，是各级党委政府必须完成的，这就必然会进一步强化已有的压力型体制。中央对此可谓三令五申。另一方面，十八大以来对领导干部的约束明显强化，强调政治规矩、政治纪律，出台党内处分条例和廉洁自律准则等皆以此为目的。对此中央也是一再强调。在当前中央权威大大强化的情况下，一方面加大压力，另一方面加强约束。如果说在十八大以前，官员还可以通过作风上、廉政上的各种不规范行为、不正当牟利来舒缓压力型体制带来的考核压力，而现在则无以舒缓！可以讲，未来五年，既有的压力型体制几乎将发挥到极致。高度的约束导致官员不敢随意作为，包括创新性作为，明确的压力指向导致官员把上级的任务指标作为唯一的指挥棒。在官员战战兢兢、倾其全力完成上级任务要求的时候，他们往往无法切实关注百姓的真实想法，增强自身对于社会的回应能力。在这种情况下，干的事情可能确实是为百姓所需的，是利国利民的，但自上而下的治理机制没有变，官员的驱动来源没有变，换言之，公权与民权在治理中的关系架构没有变，公权应对社会问题与危机的能力也不会实质性提高，相关治理能力也不会进一步提高！在这种强化的压力型体制下，为完成确定时间点的任务目标，官员也会不计成本、不论方式、不管以后，只管一时，弄虚作假也未可知。这是压力型体制本身难以避免的弊端。实际上，在今天这样一个发展阶段，全面小康的目标固然重要，自上而下的压力也属必要，但仅仅着眼于此、依赖于此是不行的。如果能够在这五到十年中真正推动治理模式与治理结构的转变，适度加快地方层面的民主进程，使压力型体制逐步向参与合作型体制转变，使基层民众能够在官员选任与政绩评价方面切实发挥更大作用，则领导人可在更大程度上开万世太平之功，立青史流传之名。

2015年11月18日

全面深化改革何以可能

中国改革需要全面深化，但全面深化改革不是无条件的。就此而言，全面深化改革何以可能是需要深入探讨与思考的一个前提性问题。总结中国改革以往的经验教训，审视十八大以来中国改革的进展与现状，攻坚阶段的中国改革要想全面深化，必须具有以下几个条件。

中央选择性集权所形成的强大改革权威。这是前提，至关重要。改革要想全面深化，就必须有效打破地方利益、部门利益与各种既得利益群体的阻力。习近平总书记强调要勇于突破利益固化的藩篱，李克强总理指出改革要触动固有的利益格局，触动利益往往比触及灵魂还难。他们所针对的实际上都是改革最难跨越而又必须跨越的强大利益阻力这一道坎。而要切实解决这一问题，有效整合当前利益矛盾与冲突，中央没有强大权威是不行的。如果中央权威不够，面临种种强大的利益阻力，即使有好的改革思路与布局也无法通过督促真正贯彻落实，更毋论改革目标的顺利按时实现。可以说，强调中央的强大改革权威，既是对以往改革教训的总结汲取，也是当前改革形势的内在要求。基于此，习近平总书记才反复强调："党中央权威，全党都必须自觉维护，并具体体现到自己的全部工作中去，决不能表面上喊着同党中央保持一致、实际上没当回事，更不能违背中央大政方针各自为政、自行其是。"[①]"遵守政治纪律和政治规矩，必须维护党中央权威，在任何时候任何情况下都必须在思想上政治上行动上同党中央保持高度一致。""要防止和克服地方和部门保护主义、本位主义，决不允许'上有政策、下有对策'，决不允许有令不行、有禁不止，决不允许在贯彻执行中央决策部署上打折扣、做选择、搞变通。"[②]而要形成强大的改革权威，中央就必须要进行选择性集权。所谓选择性集权，并非权力的任意集中，指的是为全面深化改革所必须的权力中央必须要集中而决不能分散，如果本应集中在中央的权力分散到地方、部门乃至社会，既有的改革思路与决策部署就无法自上而下推动实施，顶层设计就会仅仅停留在理念层面。

系统而合理的改革思路的形成。作为一个转型与发展的超

① 《习近平关于严明党的纪律和规矩论述摘编》，中央文献出版社 中国方正出版社 2016 年版，第 21 页。

② 《习近平谈治国理政》，外文出版社 2014 年版，第 386 页。

大型国家，中国国情复杂，改革事项千头万绪，在这种情况下，要全面深化改革必须形成系统且合理的改革思路。换言之，对于中国改革的全面深化而言，要在明确指导思想与总体目标的前提下，针对现实问题与挑战，通过深入调查研究与集中各方面智慧，对如何改革进行通盘的考虑与谋划，确定改革的重点、次序、进程、方式等，提出改革的时间表与路线图。这种改革思路既不同于宏观性的改革指导思想与价值理念，比如科学发展与以人为本等，也不同于针对个别问题的微观改革措施，它是中观性的。它一方面将宏观的改革指导思想与价值理念具体化、丰满化、可操作化，另一方面又可以统筹协调微观性个别问题的解决。党的十八届三中全会与四中全会所提出的就是这种中观性的改革思路设计。没有这样一个明确而系统的改革思路与布局规划，指导思想再好也只能停留在理念层面，个别问题也不可能在全盘统筹中切实解决好，而往往陷入头痛医头、脚痛医脚的尴尬境地。

制度建设的健全完善与系统推进。中观性的改革思路必须制度化才能落地、才能有效作用于实际。正是基于此，十八届三中全会才强调指出，全面深化改革的总目标是完善和发展中国特色社会主义制度，推进国家治理体系和治理能力现代化。习近平总书记对此做过明确阐释："国家治理体系和治理能力是一个国家制度和制度执行能力的集中体现。国家治理体系是在党的领导下管理国家的制度体系，包括经济、政治、文化、社会、生态文明和党的建设的各领域体制机制、法律法规安排，也就是一整套紧密相连、相互协调的国家制度；国家治理能力则是运用国家制度管理社会各方面事务的能力，包括改革发展稳定、内政外交国防、治党治国治军等各个方面。”[①] 如果缺乏这样一个健全完善的制度体系来落实改革思路，改革设计就无法有效落实，无法与现实真正对接，问题也就无法得以切实解决。长此以往，就会造成改革设计与改革现实之间的张力甚至背反：改革设计思路系统、目标宏伟，但是现实存在的问题特别是难点重点与热点问题迟迟得不到有效解决，现实的改革陷入僵局。改革设计的理想性、改革目标的宏伟性与改革现实的迟滞性对比日益鲜明。在这种情况下，社会成员对于党和政府的权威、深化改革的能力甚至推动改革的决心就会产生怀疑的态度，最终的结果是改革社会基础的丧失甚至导致改革的最终失败。针对此，全面深化改革必须注意在改革设计与改革现实之间注重搭建有效的制度中介与平台，避免两者之间的背反。

有效的人事布局与调整。正如毛泽东精辟指出的，政治路线确定之后，干部就是决定的因素。改革思路与布局的落实一方面要通过制度建设的进一步健全完善与系统推进，另一方面也要通过相关人事的调整与布局。事情毕竟是由人来做的，制度毕竟是靠人来落实和遵守的，改革的全面深化毕竟是要靠各级领导干部推动与实施的。在当前党风廉政建设和反腐败斗争形势依然严峻复杂的情况下，有效的人事布局与调整显得尤为重要。如果那些作风不硬、党性不强、素质不高、能力不足、脾气不小、问题不少的领导干部依旧在其位置上而不调整并依法惩处，改革思路无法通过他们来贯彻落实。就此而言，让对

---

① 《习近平谈治国理政》，外文出版社 2014 年版，第 91 页。

党忠诚、个人干净、敢于担当，“心中有党，心中有民，心中有责，心中有戒”的领导干部走上合适岗位并切实发挥作用对全面深化改革来说十分必要。概言之，必须保证选用那些能够自觉维护中央权威、与中央保持高度一致，可信而又可用的领导干部来有效贯彻落实中央的改革思路与部署。2015 年 7 月颁布实施的《推进领导干部能上能下若干规定(试行)》就是在这方面的一个积极探索。当前和今后一个时期的一项重要战略任务就是按照这一要求统筹各层次人事布局以保障改革的全面深化。

选准改革的破局之点。全面深化改革不仅要求改革指导思想具体化为改革思路，改革思路通过制度建设或人事调整予以落实，还要求迎难而上，选准某些难点与热点问题加以突破。这种为改革全面深化破局、开路的打硬仗之举尤为重要，可以有效地提升改革士气，重聚改革共识、重汇改革动力，确立改革决策者的威信。换言之，在改革较长时期以来陷入疲态的情况下，这种改革难点的突破相当于一剂强心剂，昭示改革者的坚定信心、果敢态度与改革能力，引发相继的改革连锁反应，为全面深化改革创造条件！这是一种改革策略与战略。十八大以后的强力反腐、高层反腐即是如此。

2015 年 10 月 9 日

协商民主应避免形式化

有一些地方或部门层面协商民主流于形式化大致有两个原

因。一是一些地方政府或部门由于部分领导出于个人政绩最大化、财政收入最大化等自利性原因在政策制定方面不希望民众参与，因为这两方面的最大化都未必等同于社会公众的公共利益最大化。在国家要求发展协商民主而社会成员又有参与需求的情况下，为了保证合法化的外观，只能将协商民主虚化、形式化。这种虚化与形式化一方面表明一些地方或部门没有很好地贯彻中央相关推进协商的意志，另一方面表明这些地方或部门没有很好地体现相关社会成员的整体利益。在这两种情况下，这些地方或部门既没有有效履行国家的委托，也没有有效履行相关整体公众的委托，其自利性或特殊利益成为了最大的追求目标。二是在有些情况下，一些地方政府或部门被强势群体俘获。资本等强势群体通过各种渠道可以强力影响相关政策制度的制定。在这种情况下，真正面向社会公众的参与协商就只能流于形式了。很多情况下强势者是不大可能依靠这种正式的所谓协商进行利益表达的，真正需要依靠程序性协商比如听证去进行利益表达的往往是普通的社会公众甚至是弱势群体。以上这两个原因当然还需要进一步深入挖掘内在的机理，但也说明，必须要跳出协商民主本身看问题才能看得更清楚一些。

2015年10月2日

中国的参与民主何以可能

近年来，包括协商在内的参与民主成为一个热点问题。但众所周知，很多情况下民众参与形式化严重，比如听证等。为什么会这样？我觉得主要原因有二：一是一些政府部门过度的自利性。比如基于 GDP、财政收入或官员个人升迁的考虑，这些政府部门及其官员所追求的利益与社会大众的利益并不完全一致甚至差别很大，在这种情况下，为了合法性外观而不得不采取的民众参与行为就必然会形式化。既然利益取向不一致，参与还有什么实际效果呢？比如就 GDP 的追求来说就是如此，只要政府还是经济建设性的，有自己独特的利益追求，还无法充分代表公共利益，缺乏足够的公众性与适度的中立性，参与民主的形式化就是难免的。二是现在的考核体制还主要是向上负责，完成上级的各项指标任务要求。在这种自上而下的压力型体制下，各个层级为了完成任务往往层层加码，而一些部门与地方则展开政绩锦标赛。在这种情况下，不管考核内容是什么，只要考核指标完全是上级定的，那种不顾民众实际利益的虚假政绩现象就难以避免。就是考核内容比较合理，为了做给上级看，这种合理的考核指标也未必会以合理的形式来体现。比如政绩考核注重公共服务了，可能就会出现上级政府所要求的公共服务过度的情况而不管民众是否真的需要。在这种对上负责的情况下，政府是很难考虑到民众的需求的，反映民众意愿与需求的所谓参与协商自然也就容易形式化了。综合以上分析，要把参与民主的问题放到中国政治转型与政府转型的视野中来看可能更清楚一些。

一句话，一些政府部门的利益指向和行为指向与民众所要求的不完全一致。

在这种情况下，还拿群众满意度再给基层试压，不堪重负。

有一定道理。不过，根本改变以经济建设为中心，感觉目前还不现实。应该通过加强党建领域的人民性以弥补现政策的负效应。

2015年9月22日

如何保障党的人民性

始终根植于人民，努力保持与人民群众的血肉联系，是中国共产党不同历史时期各项事业成功的关键与奥秘所在。对于人民群众作为自身力量源泉的极端重要性，我们党也具有十分清醒的自觉意识，群众路线的提出及不断强调就是极好的证明。

今天，中国的改革已经进入到攻坚克难的关键时期与决定性阶段，要有效应对各种严峻挑战、解决各种复杂问题，实现既定的宏伟目标，我们党就更需要紧紧依靠广大人民群众。只有有效实现与保持自身的人民性，我们党才能够披荆斩棘、将改革进一步推向深入。然而，与改革形势以及发展任务的这种要求相比，当前的干群、党群关系仍然存在较为严重、较为普遍的问题，党与人民群众的联系仍需进一步密切与加强，党的执政基础仍需进一步巩固。

当然，客观分析，当前党群、干群关系存在一定程度上的疏离，党的人民性在实现方面碰到的障碍与问题，其原因是多方面的，但一个非常重要的原因是执政党自身的角色定位问题。换言之，执政党实际的角色定位与功能发挥在某种程度上与其本应有的角色与功能定位有所偏差，致使其人民性的实现在一定程度上受到影响。

就政党政治的基本原理而言，掌握政治权力是任何政党的当然目的，但一个政党之所以能成为执政党，在现代政治文明的视野中是因为代表了范围尽可能广泛的民众的利益，能够获得广大民众的支持，具有人民性。就此而言，政党要想具有牢固的执政基础，最大程度地保持自身的生机与活力，就必须始终注意扎根于最广大的民众之中，而不能脱离于人民之外。政党应该在人民与国家权力之间发挥一种桥梁与中介作用，多渠道、多方式汇集民意，代表、整合民众的利益诉求，进而在此基础上形成自己的施政纲领与方针政策以作用于国家权力。这既是近现代以来政党政治的通则，也是我们马克思主义政党应该秉持的执政理念。

如果执政党没有有效地发挥自身的应有功能，而是在某种程度上直接代替公共权力，越俎代庖地去发挥公共权力特别是政府的作用，那么，其本身应有的功能定位在实际中就会发生偏差，必然会导致人民性逐步弱化而行政性逐渐增强。而如果执政党逐渐行政化，既会因繁琐行政事务之累而难有充分时间密切与人民之联系，思考关乎全局之大事，也会因行政化、官僚化所掌握的巨大权力与利益之腐蚀而难保为民之初衷。其时，脱离民众、官僚主义、文牍主义、形式主义、贪污腐化、与民争利等等问题就会难以遏制。

在这种情况下，党群、干群关系就会出现问题，政党执政的群众基础就会逐渐弱化。实际上，这种情况也正是我们今天所担忧的。兹事体大，不能不虑。著名学者郑永年在分析中国政治时，也指出了这一问题。他认为，在我们党所面临的诸种困难中，最重要的是党本身的定位问题。定位问题是指党是把自己当做政党还是政府来使用的问题。“共产党应当是政府和社会之间的中介。党的一面应当是人民，而另一面则应当是政府。人民—政党—政府应当是个有机体。”党群、干群关系问题的有效解决、党的人民性的充分实现，首先必须解决执政党自身的角色与功能定位问题，也就是说，执政党应该充分认识自己应然的角色与功能，认识到自己与公共权力特别是政府的区别，把密切与人民的联系作为基础性的工作。这是执政党的执政之基与安身立命之本，是党的领导工作的重中之重。

邓小平同志对这一问题作过多次强调，党的十二大报告和十三大报告对此也有非常明确的论述。党的十二大报告指出：党不是向群众发号施令的权力组织，也不是行政组织和生产组织。由于长期的历史原因，现在有些做党委工作的同志认为不管具体行政事务似乎就无事可做了，这种错误观念使党的建设遭到损害，使党的领导作用受到削弱。

党的十三大报告指出：党政不分实际上降低了党的领导地位，削弱了党的领导作用，党政分开才能更好地实现党的领导作用，提高党的领导水平；党政不分使党顾不上抓自身的建设，党政分开才能保证做到“党要管党”；党政不分使党处于行政工作第一线，容易成为矛盾的一个方面甚至处在矛盾的焦点上，党政分开才能使党驾驭矛盾，总揽全局，真正发挥协调各方的作用；党政不分使党处在直接执行者的地位，党政分开才能使党组织较好地行使监督职能，有效地防止和克服官僚主义。

明确党与权力部门特别是政府的角色区别，明确党在人民与政府之间的这种中介功能，是执政党充分实现自身人民性的思想认识前提。在此认识基础之上，要想保持同人民群众的密切联系，党还必须围绕这一基础工作推进相关党内机构的改革，加强相关制度建设。

改革开放以来，相比于国家的行政体制改革与政府机构改革，党内机构改革的力度明显不够。党内机构改革的滞后性导致联系群众这一党的基础性工作效果不理想。现在党的各种组织中，并无专门负责联系群众的部门与机构。党内现有组织部、宣传部、统战部等等，但专门负责联系民众的部门是什么呢？现在一些地方党委建有党群工作部，但党群工作部的职能是原有信访职能的拓展，其虽有一定的民意表达与采集功能，但侧重于各类矛盾的协调与纠纷的化解，汇民情、集民智、专门联系民众并非其主要职能。

综合起来看，当前，党的许多部门机构好像都发挥着一定的民众联系功能，但却没有哪一个具体部门与机构能够有效承担，这种组织状况导致政党的人民性无法充分实现。就此而言，按照政党政治的基本原理，要充分实现自身人民性，党就必须改革自身组织机构，可以考虑设立专门负责联系民众的机构或部门，并且这一部门或机构应该在党的组织设置中处于重要位置，属于强力机构。

除了加强组织建设外，要想充分实现自身人民性，党还必须注意加强相关制度建设。在我们党的历史上，主要强调通过自上而下的群众路线去联系群众，但这种过于依赖领导干部自身主动性的作风建设并非固定化的制度本身，同时也无法完全适应情况愈益复杂的当代社会实际。当前，我们党也强调要完善党员干部直接联系群众制度，很多地方在此方面也都有探索与经验，但并未形成一个完备的整体性制度体系。这方面的工作仍需在实践中积极推进。

在相关结构改革与制度建设的基础上，在充分实现自身人民性的基础上，执政党应通过国家权力机关，经法定程序，将以民意为基础的自身意志转化为国家意志。换言之，党与政的对接口应是国家权力机关即各级人民代表大会，而不是国家行政机关或司法机关。这样，既有利于在代表最广大人民群众利益基础上党的领导自身的改善和加强，又有利于合理党政关系的建立，从而实现党的领导、人民当家作主和依法治国的有机统一。

综合以上，要真正实现党的人民性，夯实党的执政基础，群众路线的贯彻执行是必要的，但又是不充分的。前提而关键的是，党必须要合理认识自身的角色与功能定位问题，并在此基础上进行相关的组织形式与工作机构改革，以及加强、完善联系群众的相关制度建设。

如何才能有这种自觉？党在十三大时为什么没有解决这一问题？

十三大着重解决的是党政关系问题，并且还比较理想化。

群团组织代表范围有限，并且不是党的要害部门，此外也有一定程度的官僚化问题。

2015年9月11日

党的领导方式的历史审视

最近在思考党的领导方式问题，感觉在现代化过程中，由于一定程度上将已经完成现代化的国家作为参照，党发挥领导作用有较为明确的目标定位与实现路径，可以按照先锋队的代表理论提出理想，并采取各种措施领导实现。而一旦现代化完成或与发达国家达到同一发展程度，前面没有十分明确的目标可以设定并领导实现，同时社会自身的自主性与活力切实增强，党如何实现领导就要再做考虑了。社会自身活力的增强将逐步坐实人民当家作主这一理念，作为这一理念体现的人民代表大会的作用将大为强化。由于没有明确的代表民众利益的宏大目标进行追逐，党在代表人民利益的同时将会更为尊重公民利益的自我表达，尊重社会本身的活力与追求。在中国政治生活中，党与人民群众的关系将会进一步理顺，党会在进一步调适自身领导范围的基础上实现领导方式的合理化调整。

2015年7月1日

中国共产党历史上的三次决定性转变

今天是党的生日！追今抚昔，中国共产党历史上有三次决定性转变：第一次，1949年建立新中国，掌握国家政权；第二次，“文革”后党自我救赎，三中全会拨乱反正，开启改革开放大幕；第三次，十八大以后，强力反腐再次自我救赎，改革再深化。进而言之，思考可见，十八大后第一个五年内正在完成或应该完成的主要是四件事：树立威信、反腐破局、明确思路、人事调整。这四件事完成了，下一个五年内的改革思路才会真正的、实质性的、硬碰硬的贯彻落实！

2015 年 4 月 19 日
习近平同志的理论创新为什么这么快

为什么与往届不同，习近平同志在十八大后短短两年多时间理论创新就有了一个较为完整的框架？十八大以后，习近平总书记发表了多次重要讲话，提出了一系列治国理政的新思路新观点新看法，而“四个全面”战略布局的提出在一定程度上表明新的理论创新已经有了较为完整的框架！为什么习近平同志在相对较短的时间就已经发展出了这一框架？原因可能有三。第一，厚积薄发，多有积累；第二，很多都是一直存在的老问题而并非新问题，只是长期在理论上没有得到很好的思考，提出系统的思路。这就有了足够的时间思考理论上的道与术；第三，2020 年也就是不到五年时间就要全面小康，时间紧、任务重、挑战大、阻力强，这种紧迫的形势容不得过几年再进行系统的理论创新！危机与问题倒逼“四个全面”战略布局的尽快形成。

主观积累，客观基础，时间倒逼，不错！

2015年3月17日

我看“四个全面”战略布局

“四个全面”战略布局是十八大以来习近平总书记在不断探索、持续思考基础上逐步形成的，在改革攻坚阶段破解难题、应对挑战、实现蓝图的系统思路框架。就此而言，对于“四个全面”战略布局应按照改革攻坚的内在逻辑予以把握。基于改革攻坚的内在逻辑，“四个全面”战略布局呈现出以下四大特点。

鲜明的问题意识。问题倒逼改革。把握“四个全面”战略布局必须明确其现实问题指向，这是理解“四个全面”战略布局的基础。2020年全面建成小康社会是既定的战略目标。全面小康如能如期建成，则必将为实现中华民族伟大复兴奠定坚实基础。要实现这一战略目标，可谓时间紧、任务重、问题多、挑战大、阻力强。改革开放以来，我们党相继提出过系列阶段性发展目标。20世纪80年代，邓小平提出过“三步走”的发展战略：第一步，从1981年到1990年，国内生产总值翻一番，解决人民温饱问题；第二步，从1991年到20世纪末，国内生产总值再翻一番，人民生活水平达到小康水平；第三步，到21世纪中叶，人均国内生产总值达到中等发达国家水平，人民生活比较富裕，基本实现现代化。1997年，江泽民根据我国经济社会发展实际，在邓小平“三步走”战略的基础上又提出了新“三步走”的发展战略：21世纪第一个十年实现国民生产总值比2000年翻一番，使人民的小康生活更加宽裕，形成比较完善的社会主义市场经济体制；再经过十年的努力，到建党一百年时，使国民经济更加发展，各项制度更加完善。党的十六大把这一目标概括为全面建设小康社会：到21世纪中叶中华人民共和国成立一百年时，基本实现现代化，建成富强民主文明的社会主义国家。现在，邓小平“三步走”的第一步、第二步，江泽民新“三步走”的第一步已经实现，全面小康已由建设进入到必须建成阶段。但应看到，以前各个阶段性目标的实现，均不能与全面建成小康的难度相比。以前的改革发展，尽管有利益的阻力，但思想的阻力更明显，而今天的改革，不仅有思想的阻力，更是面临着强大的利益固化藩篱；以前粗放式的发展尚可持续，并且低的起点之上更易实现经济高速增长，而现在粗放式的发展模式难以为继，经济发展方式转变艰难；以前的发展目标，主要限于经济领域，而今天中国发展不平衡、不协调的问题突出，改革更具系统性，需要全面深化；以前很多的老问题尚未得到有效解决，现在新的问题仍在不断产生，问题盘根错节、新旧交错。从战略角度考察，我们现在处于完善社会主义市场经济体制的关键时期；处在工业化与城市化的关键时期；处在反腐倡廉的关键时期；处于现代社会结构形成的关键时期；处在生态文明建设的关键时期。一句话，处在全面建成小康社会的关键时期。在这种情况下，要想实现既定的宏伟目标，新一届中央领导集体必须具有高度的忧患意识、危机意识、担当意识、使命意识，拿出足够的政治勇气和智慧，寻求系统的破解难题之道。而“四个全面”战略布局正是在这种目标已定，问题与危机倒逼的情况下提出与形成的。

全面的思路举措。建设小康、深化改革、依法治国、从严治党是改革开放以来执政党均已提出过的执政理念与战略部署，就此而言，“四个全面”战略布局的提出表明了执政党治国理政思路的延续性与继承性。然而，“四个全面”战略布局的创新点、重点与着力点不在于此，而在于“全面”二字。随着现代化的推进，渐渐发展起来的中国所面临的问题不仅不比不发展时少，反而更多。不发展时主要是一个温饱问题，发展起来以后，人们的需求更多，各层次各领域的矛盾与问题也大量爆发。同时，政治、经济、文化、社会诸领域分离、相对独立性不断增强，协调发展的内在要求不断凸显。在这种情况下，在新的阶段，改革发展自然应具有全面性与统筹性。“全面”不仅是就战略目标而言，全面小康涵盖政治、经济、社会、文化、生态等多个领域，而且是就战略举措而言，深化改革、依法治国、从严治党都要全面。进而言之，“全面”不仅表明战略目标与战略举措的系统性与广泛性，而且表明了战略举措的力度与深刻性。以前的改革之所以不全面，很大一个原因就是对于改革的一些核心性难题没有触及或触及不深，硬骨头啃不动，从而导致改革有盲区、有遗漏，无法有效全面推进。就此而言，强调“全面”也意味着当前的改革必须要啃硬骨头，要涉险滩，要具有真正的力度与深刻性。

严密的内在逻辑。作为针对改革难题的系统性思考，“四个全面”战略布局有其清晰的内在演进逻辑。对于这一内在逻辑，习近平总书记有过多次论述。“这个战略布局，既有战略目标，也有战略举措，每一个‘全面’都具有重大战略意义。”“我们要让全面深化改革、全面推进依法治国如鸟之两翼、车之双轮，推动全面建成小康社会的目标如期实现。”“党的十八届三中全会作出全面深化改革重大部署，党的十八届四中全会对全面推进依法治国作出战略部署，体现了‘破’和‘立’的辩证统一。”综合总书记的重要论述，基于中国改革攻坚的实际，对于“四个全面”战略布局的内在逻辑可作如下梳理：全面建成小康社会是新一届中央领导集体带领中国人民努力实现的宏伟目标，而要实现这一目标，只能迎难而上，全面深化改革，除此以外，别无选择，更无退路；全面深化改革不能任意而为，必须在法治轨道上有序进行，重大改革必须于法有据，改革的成果也必须通过法治来有效保障，整个改革过程要切实发挥法治的引领和推动作用。而以上三个全面要实现或落实，都必须以全面从严治党作为关键与政治保障。这是因为，做好中国一切事情的关键在党。如果不从严治党，就无法有效打破地方利益、部门利益、既得利益群体所形成的强大的利益固化的藩篱，改革就无法全面深化，也无法建构统一公平的法治秩序。按照这样一个内在逻辑不断整合、梳理乃至最终提出“四个全面”战略布局的过程，实际上是总书记思想系统化的过程。就是说，十八大以来习近平总书记在不断提出一系列新思想、新观点、新论断的基础上，其不间断、高频度的理论创新已经发展为一个内容愈益丰满完整的整体性理论框架。这种理论创新的高频率、深刻性乃至整体性逻辑框架的形成是习近平总书记多年来厚积薄发、深入思考的结果。

有力的行动指南。“四个全面”战略布局既然已经形成，破解改革难题的系统思路框架既然已经明确，现在要做的就是将这一战略布局有效落实，攻坚克难。针对于此，习近平总书记反复强调：“目标是否坚定，决定改革的成败；落实能否到位，决定蓝图的实现。”“要把抓落实作为推进改革工作的重点，真抓实干，蹄疾步稳，务求实效。”“在贯彻落实上，要防止徒陈空文、等待观望、急功近利，必须有时不我待的紧迫意识和夙夜在公的责任意识抓实、再抓实。”“崇尚实干、狠抓落实是我反复强调的。如果不沉下心来抓落实，再好的目标，再好的蓝图，也只是镜中花、水中月。”战略布局的有效落实一方面要通过相关制度机制的健全完善，也就是十八届三中全会提出的治理体系现代化问题，另一方面要通过广大领导干部的有效担当作为。而在当前相关制度机制仍需进一步健全完善的情况下，广大领导干部的有效担当作为对于战略布局的落实而言就显得极为重要。政治路线确定之后，干部就是决定的因素。这就要求领导干部要始终做到对党忠诚、个人干净、敢于担当，特别是要同党中央保持高度一致，自觉维护中央权威。领导干部要“心中有党，心中有民，心中有责，心中有戒”，“要防止和克服地方和部门保护主义、本位主义，决不允许‘上有政策、下有对策’，决不允许有令不行、有禁不止，决不允许在贯彻执行中央决策部署上打折扣、做选择、搞变通”。当前和今后一个时期，一项重要战略任务就是按照这一要求统筹党的建设各个方面以保证战略部署的有效落实。

什么时候能把农村的“小老虎”打打，老百姓就心满意足了，百姓最关心的是自己身边的事。

先要把省这一级换上可靠的人，“老虎”才能打到地市级。

2015年3月7日

人民代表大会的功能定位

现代社会，民众的利益表达方式日益多样化，政治参与渠道不断拓展，而通过代表的代议民主则是其中最为重要和最具效能的利益表达方式与政治参与渠道。作为一种基本制度，代议民主在公民政治参与方面的作用迄今为止仍不可替代。就处于改革转型期的中国社会而言，现阶段民众的大量利益诉求之所以难以得到有效表达，大量的利益矛盾之所以难以得到切实解决，一个非常重要的原因就是人民代表大会制度没有充分、有力地发挥其应有功能，从而导致民众政治参与的主渠道不畅。“当前社会出现众多的矛盾、纠纷，怎么来解决？根本上要靠民主和民意机制解决，应该从源头上抓。怎么能减少这个社会矛盾，不让社会矛盾发生？就是靠议员，这就是最大的信访，……就是应该让人大发挥作用，就是要让人大代表有能力、有动力帮选民解决问题，那就有社会的安定和稳定。”“在西方国家，社会发生矛盾了，怎么办呢？靠向议员投诉解决，每个国会议员就是一个信访办公室，议员帮助消除社会矛盾。美国国会议员有两个办公室，一个是起草法律议案的，另外一个办公室在他的家乡，负责接待选民。他每周必须回去一次，去选区处理那些信件。社会矛盾要靠议会民主制消除，公民的投诉要靠议员来解决。而我们的人大和人大代表没有发挥这样的作用，所以，老百姓的小事变成了大事，而且当地解决不了就都跑到北京来，上访的群众经常集聚一大群。社会这么多事，问题出在哪里？寻其究竟，可归结为民主机制不健全。”[①] 在这个意义上，要提升民众的政治参与水平，畅通民意表达渠道，有效整合现阶段的社会利益矛盾与冲突，就必须切实发挥人民代表大会制度的作用与功能。

① 蔡定剑：《民主是一种现代生活》，社会科学文献出版社 2010 年版，第 75–76 页。

要切实发挥人民代表大会制度的作用与功能，一个前提性的问题就是要充分认识与明确其功能定位。在规范意义上，人民代表大会制度作为我国的根本政治制度，应该具有强大而有效的民意表达、采集与整合功能，社会各阶层、群体应能够通过代表进行有效的政治参与及国家治理，进行体制内的充分利益表达与博弈。现实中，我国人民代表大会制度在此方面确也发挥着重要的作用。但是，除民意表达与汇集的功能外，人民代表大会制度在我国的政治实践中还发挥着其他两个方面的重要功能：社会各阶层、群体之精英吸纳的功能，上级路线、方针、政令的宣传、贯彻功能。

社会各阶层、群体之精英吸纳功能是指现行的人代会制度在代表的确认与选择上比较注重考虑社会各阶层、群体、行业的精英分子与优秀人员。这种精英吸纳功能的充分发挥有利于公共权力把社会各种力量都团结与整合在自己周围，有利于公共权力更为方便地对社会各阶层与群体进行管理、渗透与影响。人民代表大会的这种精英吸纳功能有其传统的惯性，基于现实国情的考虑，其在现阶段也确有特定的积极作用。但是，对精英吸纳的过度考虑亦有其负面效应：过分强调对于尽可能广泛范围的精英的吸纳，在一定程度上冲淡了人民代表大会的代议色彩，削弱了人民代表大会的民意采集与政治参与功能。当然，这种精英吸纳在一定意义上也可以称之为是一种“代表”设置，但是这种“代表”设置却不同于作为民意表达的代表设置，其选取“代表”的标准主要不是代议能力与政治素养，而是对于社会不同阶层与群体精英的尽可能涵括性，特别是“代表”人员在本阶层、群体内所取得的工作成就。换言之，精英吸纳意义上的“代表”意指各阶层的成功者与出众者，而代议机制的代表则意指扎根现实具有代议能力与素质的民众的代理人，这两者之间选取的标准并不完全一致，在某些情况下甚至可能差别很大，某一阶层与群体的成功人士与优秀之人未必是合适的民主代议人选。

此外，我国的人民代表大会制度不仅仅担负着民意的表达与间接公民参与功能，而且还担负着上级路线、方针、政令、法律法规的宣传、贯彻功能。我国公共权力的集中度较高，集中化的公共权力为了统一认识，加强整合，更好地推行自己已形成的治理观念、思路与举措，便会利用包括人民代表大会在内的各种制度机制进行路线、方针、政令的宣传与贯彻。“我国人大代表的选举通过党的政治领导和组织建构组成了一个以执政党为核心，以人大机关、政府部门以及其他国家机关为外围组织，共同铸造的多重政治实体参与其中的选择组织体系。这种组织体系的建构，使得代表机关受到了多重政治实体的委托并因而构成了一个多重代理机构，人大代表也就是一种‘多重代理’的角色集。首先，是执政党的政治委托，用以保障代表机构落实党的方针政策；其次，是政府机构的政治委托，用以满足行政体系的内在要求；再次，是法定权力机关即各级人民代表大会的政治委托，这种委托的政治地位及其重要性，根据代表结构所具有的实质政治权威来看，基本上处于政治实权架构体系的第三位，诚然其法定权威是居于首位的；最后，是一种虚拟的选民的政治委托，说它是虚拟的，是因为选民不能掌控代表选举，代表也不必保证对选民负责，从我们所分析的代表机关所受的多重实质性的政治委托就可以得出这个结论。……这些代理渠道构成了以民主集中制为中轴，以强调服从中央政治权威为主导的‘民意’下降的理论并兼顾民意上升的理论为辅助手段的代理结构。”①

人民代表大会所承载的宣传与贯彻功能不仅具有历史的惯性，而且也是大国治理的一种现实要求。就此而言，其积极意义不能否定。然而，如果在具体操作中把人民代表大会制度所承载的宣传与贯彻任务看得过重，则其民意表达与反映功能必然受到某种程度的抑制。宣传与贯彻是向下，而民意的表达与反映是向上，向下的压力与惯性过大，向上的动力与势能就不足。代表们学习与领会的任务过重，表达与交流的机会就会减少。此外，集中化的公共权力尤其是党的组织在制定路线、方针、政策，形成自己的治理观念、思路与举措时，往往并非先通过人民代表大会的制度机制，而是通过深入调研等群众路线的方式。由此，路线、方针、政策是否对路，治理观念、思路与举措是否合理，很大程度上就主要取决于执行群众路线的主体，即公共权力。由于执行群众路线只是一种工作方法而并非硬性的制度规定，由于公共权力自身素质与能力的限制，既定的、待宣传贯彻的路线、方针、政策与治理观念、思路、举措就有可能与通过人民代表大会制度本应采集与表达的民意有所出入，因为后者往往会更全面、更具体、更真实。而且，路线、方针、政策与治理观念、思路、举措等一旦预先作为待宣传、贯彻的东西确定下来，其往往左右代表们的头脑，固化他们的意识，有意无意地抑制或淡化他们向上表达的意念与诉求。概

① 陈明明、何俊志：《中国社会的民主结构》，上海人民出版社 2008 年版，第 120—121 页。

言之，如果宣传与贯彻的任务强化，人民代表大会最应发挥的功能就会受限。

当然，以民意表达与整合为基本功能的代议民主制度具有一定程度的社会各阶层与群体的精英吸纳功能也并非完全不可，但这种广泛的精英吸纳功能不应影响代议民主最主要功能的有效实现。代议民主制度具有政治的宣教功能也属正常，因为代表的角色使其必然负有将国家政策与法令宣传、解释给选民的责任与义务。但是代表的宣教功能不宜过度，以免影响其民意表达与政治参与功能。而就我国的人民代表大会制度而言，正如以上分析的，在其被公共权力所赋予的三方面的功能定位中，精英（任何阶层、群体、部门与行业的优秀分子意义上的精英，未必是政治精英）吸纳功能与政令方针的宣教功能在某种程度上被刻意突出与强化了，而这种突出与强化在一定程度上则是以人民代表大会制度民意表达与整合功能的相对弱化为代价的。而且，如此一来，人民代表大会作为最高权力机构的权威性也受到了影响，因为其权威性在规范意义上就是来自以民意的采集、整合为基础的立法以及代表民意的监督制约，而现在其负荷超重，应有主要功能的发挥受到限制，所以，其权威性必然有所折扣，其在民众中的公信力就要受到影响。

由于公共权力对于人民代表大会制度的功能设定是多重的，所以，就人大代表的选择而言，其自身的代议能力与参与素质就并不是唯一甚至关键的决定性因素，而是否能够尽可能广泛地吸纳各阶层与群体的精英分子，是否能够有效地宣传贯彻上级的既定路线方针政策，就成为人大代表选择的重要衡量标准。在这种思路下，我们可以看到，一方面，一些可能并不具有合格代议素质与能力的各阶层群体的精英分子，像某些成功的演艺界人士，某些战线或领域的劳模等等成为了人大代表；另一方面，党员干部在人大代表中也占据了相当的比重——这有利于公共权力的控制与大政方针的贯彻执行。上述分析表明，多重的功能设定决定了人大代表角色构成的多重类型。而且，基于广泛精英性与贯彻执行性的考虑，代表的非专业性与兼职特点也就可以理解了，各行各业的精英吸纳与党政干部选入使得人大代表构成不能不呈现出非专业化与兼职的特点。同时，也正是基于这种广泛精英性与贯彻执行性考虑，农民群体、农民工群体与工人群体等社会基础性群体的代表所占人大代表的比重必然受到影响，这是因为广泛精英性侧重于照顾尽可能多的不同阶层与群体，尤其是有影响的社会阶层与群体，以便吸纳其精英分子，而农民、农民工与工人虽然数量庞大，但毕竟代表群体数目有限，而且在现阶段也并非社会优势群体。代议机制为了获取最大的广泛性与精英吸纳效能，在一定程度上就不得不缩减农民、工人等社会基础性群体的代表数量；而贯彻执行性侧重于公共权力政治理念、发展思路与政策法令的宣教实施，由于现阶段农民、工人等社会群体在一定意义上主要是被宣教的对象，是政治治理的客体，所以，其代表的数量必然要受到一定的限制。进而言之，由于人民代表大会制度具有三重功能设定，基于不同目的考虑的这三种功能在实现过程中往往彼此影响，在这种多重功能的实现期待中，作为人大代表的社会成员极有可能在自身角色定位方面产生混乱。

对于当前中国人大代表的类型构成，美国学者欧博文在详细调查研究基础上得出的认识具有一定的启发意义，虽然其观点未必完全准确。欧博文将中国人大代表梳理为三种类型：消极者、代理人和进谏者。“有些代表既不能解释政策，也不反映意见和要求，我将其称之为‘消极者’，实质上是没有角色观念的人。由于选举人并不具有制裁力，上面也没有要求，就使得相当数量的代表将他们的地位视作没有责任的荣誉职位。”“承担政权代理人角色的代表的主要工作是代表国家向人民群众解释政府的法律和政策，从这个意义上讲，他们是政府的代言人而并非选民的代言人。扮演进谏者角色的代表们在某种程度上既具有政权代理人的色彩，又关心其选区和选民的经济利益和诉求。从现实的政治运行结构来看，各种各样的期望会使人大代表产生角色冲突，部分代表甚至也能够重塑角色以缓和角色紧张，但是，从总体上看，欲使人大代表落实民意代理这一政治角色看来还有不少的路要走。”①

由于多重功能设定的缘故，人民代表大会作为根本性、制度性的民意表达、采集与整合渠道的作用未得到理想的发挥，代表的选举与构成都存在较大问题，其应有作用尚未充分体现出来。在这种情况下，社会多方面的利益需求、利益矛盾与利益冲突往往不能有效、及时、准确地反映在体制之内，而这必然在很大程度上影响公民间接政治参与的效果，在某种程度上造成社会利益矛盾与问题在体制外的不断积聚。在转型攻坚阶段，要推动社会利益矛盾在体制内的表达与博弈以使之具有可控性，就要充分发挥人民代表大会作为公民政治参与主渠道的作用。公共权力首先必须在一定程度上调整、

① 陈明明、何俊志:《中国社会的民主结构》，上海人民出版社2008年版，第1-6页。

修正对于人民代表大会功能的原有理解与设定，对于人民代表大会制度广泛吸纳精英的功能与政治宣教功能负载过重的弊端有清醒的认识，进一步明确人民代表大会制度最为主要的应该是基本的民意表达与整合功能。只有对于人民代表大会制度功能的认识与设定首先合理化，才能进一步围绕充分发挥其民意表达与整合、权力监督与制约等根本性功能而着手进行相关的改革。

2014 年 12 月 27 日
强力反腐是改革的必然要求

日前和一个朋友交流，朋友说，习总书记强力反腐，抓了那么多老虎和苍蝇，有可能导致群众对官员群体的印象进一步恶化这种负面效应。我谈了我的三点看法：第一，即使揪不出这么多问题官员，老百姓对现在官员群体的整体印象也好不到哪里去，问题之严重早就都感受到了。第二，强力反腐大大提升了改革的士气，特别是大大强化了中央与总书记的改革权威。所以，即使反腐力度大一些，把问题暴露得多一些，仍然利大于弊。第三，不强力反腐，那些大大小小的既得利益者与问题官员都是深化改革的巨大阻力。有他们在官位上刻意阻挠，维护自身私利，改革难以有效深化，公平的法治建设难以有效推进，党的建设也不可能搞好。所谓利益固化的藩篱首先是指这些关系盘根错节的问题官员！就此而言，强力反腐是全面建成小康社会、全面深化改革、全面推进依法治国、全面推进党的建设的必然要求。对于中国改革而言，对于新一届领导集体而言，除了强力反腐，实际上别无选择，除非任由局面继续烂下去。反腐为改革开路，为改革开局。我不知道我的思考准确与否，但感觉朋友确实提了一个好问题。

很对很赞同！另外补充一点，除了改革的需要，反腐是执政党生死存亡之际的自救，不革除毒瘤恐怕只有毒发身亡了。但是当前的反腐只能治标，如果真正实行法治，就会避免以强权治腐，才能根治毒瘤。

2014 年 12 月 25 日

普通百姓的政治见识

一次回农村老家，老家一个堂兄问我研究啥东西，我说最近研究中国政党制度。我本意是随口一说，他们也未必有兴趣和思考。谁知旁边干活的嫂子张口来了句："中国搞多党制度肯定不行。"我闻言一惊！认识很到位嘛。今天遇到一个朋友，他说有一次听见几个老年妇女聊天，其中一个讲：习近平拯救了共产党。我听完也感觉不俗！由于对现实有体会与感悟，老百姓的政治敏锐性很多情况下并不差，至少不比某些所谓的专家差，有时甚至观点更正确。有些专家还不如老百姓看得明、看得清、看得透。

高手在民间，常识永生辉！

专家往往沉浸在理论的推演上，老百姓有时一下子就把泡沫戳破了。

老百姓直接面对生活，也就最容易抓住关键！而抓住了老百姓的关注点，也就抓住了现实政治的核心！

专家和平民的区别在于：平民只能碎片化地叙说直观感受，真正的专家能系统化地抽象出真理。专业研究还是要看专家，只不过有些“砖家”毁了专家的名声。

2014年10月21日

中央权威是法治的必要条件

一个朋友问我，要建设法治社会，树立法的权威，怎么还老是学习领导的个人讲话？一问之下，我也一愣。思考之后，我告诉他，这是走向法治的必然一步。要实现法治，仅仅社会具有广泛的权利诉求还不行，这种诉求必须切实制度化并有效落实。仅仅依靠地方的探索与推进也不行，因为法治本身具有普遍性，体现的是一个国家的规范理念而不是一个地方的，更何况在很多情况下地方阳奉阴违，并不愿落实法治从而制约自身。不论是社会成员权利诉求的制度化及其落实，还是打破地方阻力构建统一普遍的法治秩序，都离不开中央权威的存在与推动，首先需要一个有效的中央权威。而这就是目前中国的现实。学习领导的讲话就是为了权威的集中统一。当然，逻辑上讲，有了集中有效的权威未必会真正推进、实现法治，但没有集中有效的权威则法治肯定无法推进与实现。

确实有权威未必会有法治，必要条件而非充分条件。现在我们只能希望权力集中可能成为法治实现的过渡性手段。现实如此啊。

哪一个中央权力涣散无力的国家建成了有效的法治？不要一提到权力集中就“过敏”，难道地方主义、毫无秩序就好，那法治更实现不了。现在中央不正在推进法治吗？没任何权威怎么有能力推进改革。

2014年10月18日
公民权利贫困与治理现代化

党的十八届三中全会提出了治理体系与治理能力现代化的问题，对之学界有不同观点，多是套用西方治理理论予以解读。个人觉得这一理论不是没有解释力，但直接用于当下中国似乎又不完全对应。经过思考，我想换一个解读视角，即公民权利贫困的视角来看这一问题。毫无疑问，治理体系与治理能力是在中国进一步现代化的语境中提出的，而从社会结构的角度来看，现代化意味着经济、政治、文化、社会等各领域现代化以及各领域之间结构的现代化，也就是协调平衡发展！就经济的现代化而言，要打破权力经济的模式，由权力主导转为权利驱动，还权于市场；就政治的现代化而言，要健全民主法治，约束规范权力，还政治权利于公民；就文化的现代化而言，保障民众文化权利，理清权力对于文化思想的作用边界，以法治价值为底线推动价值共识形成；就社会的现代化而言，要规范分配结构与阶层结构，保障公民社会权利，避免权力对于社会的肆意践踏！由此可见，经济、政治、文化、社会等领域的现代化实际上都涉及权力与权利的关系调整问题，涉及权力与权利的结构合理化问题，涉及解决权力的越位、缺位与错位，以及解决公民各领域的权利贫困，广泛还权赋权于公民的问题。而这也正是今天治理体系，也就是制度体系建设的重要任务，是治理体系现代化的根本内涵之一！概言之，从传统权力社会走向现代权利社会的进程中，解决当前各领域普遍存在的公民权利贫困问题，推动各领域的现代发展，推动形成公共权力与公民权利的合理关系构架，是基于中国国情理解治理体系与治理能力的关键。

2014 年 7 月 31 日

周永康案的启示

周永康案表明：传统强调的工人阶级与共产党员的先进性是规范上的应该如此，很多人实际达不到，任何人都不能因某种身份而免检；整体制度体制特别是党和国家领导制度亟待进一步完善。执政党必须以更大的力度推进法治民主，进一步打破体制的封闭性，构建开放型治理模式。

叁

文化微评

文化微评

2016年12月21日

宇宙即是一套创生与演化程序[①]

《一个“精神病人”的世界观：你以为这个世界是真的？》是一篇极好的文章。宇宙即是一套创生与演化程序，从程序的角度看对宇宙的理解确实深化了。作者对老子“道”的解释极妙，通过读此文，我对佛教“缘起性空”与“佛祖拈花、弟子微笑”有了更深的理解，对莱布尼兹的“预定和谐”也有了比原初更为深入的理解。当然，宇宙程序背后到底是什么还是说不清楚。

2016年10月25日

哲学社会科学话语体系的创新

当前关于中国哲学社会科学话语体系建构与创新的文章可谓汗牛充栋。个人感觉，在此问题上不仅需要热激情，更需要冷思考。对于话语体系的创新，有三点恐怕是要认识清楚的。

第一，作为指导思想的马克思主义话语范式的与时俱进。中国哲学社会科学的研究以马克思主义为根本指导，但是马克思主义在不同时期与中国具体实际有不同的结合点。在当代，马克思主义与中国具体实际的结合点是什么？马克思主义理论体系中最具有时代意义和实践意义的基本观点论断是什么？这

① 本条微信是作者看了文章《一个“精神病人”的世界观：你以为这个世界是真的？》有感而写。

个必须要凸显。换言之，要凸显现时代马克思主义相应的理论精华，推进马克思主义本身话语范式的转型与更新，老一套的话语范式与话语体系漏洞百出，学界已有所反思，确实不行了。如果马克思主义不实现这样一个理论内容与话语范式的时代性调整，要想以之来指导中国哲学社会科学话语体系的创新是不可能的事情。也就是说，指导思想的理解首先要与时俱进。这就要求我们在世界历史的视域中，在中国当代建设与发展的背景下准确有效呈现马克思主义的时代价值内涵！在这方面，马克思主义作为一种既申认现代文明的价值又对之扬弃超越，以人的相互生成与每一个人的自由全面发展为价值理念的科学理论还有极大的研究与挖掘空间。

第二，话语体系的创新不能纠缠于刻意寻求某些语词或概括去解释中国已有经验与成就，更要在破解方方面面的难题与挑战包括中国自己的以及全球性的难题与挑战中生成新理论，创造新话语，提出新观点！尤其现在中国全面深化改革中面临着结构性的、深刻的危机与调整，而这也正是理论突破与话语创新的难得契机。在此意义上，解放思想，有一个宽松的学术研究与问题讨论氛围尤为必要。各国现代化过程既有共同规律，也有各自特点，把中国现代化关键阶段的问题在理论上搞清楚，说明白，这本身就是对世界范围内现代化理论研究与现代国家转型与治理的巨大贡献，就是中国哲学社会科学在内容与话语方面对于世界的一大创新。

第三，一国哲学社会科学话语体系的创新是一个长期积累积淀的过程。在此方面，我们要准备打持久战，有足够的耐心，决不能急于求成。按照唯物辩证法，事物发展有一个从量变到部分质变到最终质变的过程，话语体系的创新同样如此。社会存在决定社会意识，中国经济社会的不断发展必然推动中国哲学社会科学的不断发展及其话语体系的不断创新，但是这种决定与推动有一个过程，一个逐步积累积淀的过程。特别是与西方发达国家相比，其已经完成了现代化的任务，而我们尚处在现代化的过程之中，我们所碰到的很多问题是他们已经遇到过的，所以在这样一个现代化的过程中，我们的话语体系要想整体性地完全创新是难度很大的，尽管不同的现代化道路也有不同的创新空间。在这个意义上，只有在我们的现代化已经完成甚至超越他们的发展阶段时，我们的话语体系的创新恐怕才是根本性与整体性的，才会具有更为合适的社会存在基础。所以今天我们一定要清醒，不能搞一哄而上的“大跃进”，而是要踏踏实实地一步步推进。

2016年8月16日
爱情与婚姻：需要情感上的门当户对

这几天热炒的王宝强离婚事件从文化社会学的角度讲，根本问题在于双方出身与情感体验上的门不当户不对。王宝强出身草根的农民家庭，本是一名默默无闻的群众演员，尽管鸡窝里孵出金凤凰，成了宝，但原始的阶层出身很大程度上决定了王宝强的自卑心理。这种底层家庭孩子的自卑心理几乎是普遍性的，伴其终生的。这种自卑心态导致王宝强始终无法以一种平等稳定的态度对待马蓉，而总是从仰视的角度看待他心中的美女。这种情况下，如果马蓉对家庭全身心投入，心态谦和敦厚，还可以在很大程度上调整补救王宝强的自卑心态，达到家庭关系的和谐。但马蓉偏偏不是那样的人，王宝强的自卑与对她的过度宠爱让她更加自我放纵，让她养成了心态上居高临下的优势。这种心态上一高一低不对等的长期持续，或者以王宝强的持续忍耐与接受来结束，或者以王宝强忍无可忍、无须再忍为结局。在这个意义上，他们的婚姻出现严重问题是难以避免的，而最后是否离婚要看问题的严重程度。就此而言，精神与心态上并非门当户对的婚姻是不会幸福的。如果没有精神与心态上的门当户对，一见钟情绝不会成为一生钟情，而很有可能成为“一剑终情”。王宝强的底层出身与自卑心态，成为其婚姻问题发生的可能因素，而碰到马蓉这样的女人则使可能成为必然！

其实，王宝强的婚姻问题具有一定的社会普遍性。无论从影视剧中还是观察现实我们都会看到这一点。比如农村的男孩子通过考上大学来到城市，找了一个与自己出身差异较大的城市女孩作为妻子。在这种情况下，城市女孩对男孩的出身、家庭等往往具有程度不同的心理优势，而男孩则处在心理劣势。女孩往往有意无意地表现出对男孩出身与家庭的傲慢与偏见，矛盾与冲突就会随之而生，越涉及男方的家庭可能越是如此。从这个意义上讲，不同阶层、群体这种出身的差异，很大程度上决定了家庭双方心态与情感认知上的差异，以及两个人的家庭是否和谐。当然有这样一种差异也并不一定最终意味着家庭就不幸福，就不和谐，因为还有很多其他的因素。但是这种出身与精神上的门不当户不对导致家庭出现问题是具有较大概率的！这也说明，长久以来，人们所说的追求精神上的门当户对是有深刻道理的！

2016年8月16日

狭隘的爱国激情不可取

这几天朋友圈里很多人发了这样的信息："一位演员离婚，引发全民关注，媒体可谓兴师动众，铺天盖地的报道，各种细节系列挖掘无孔不入，甚至盖过了奥运会的喧哗与热烈！而今天是抗战纪念日，却没有媒体纪念报道，中国媒体人的狭隘短视跃然纸上！"

乍看之下，此话充满爱国激情，指斥人们与媒体不应过多地关注王宝强的离婚事件，好像确有道理。实际上，仔细思之，未必尽然。其一，对日的民族仇恨几乎已经深入中国人的骨髓。国人所受的教育、各种宣传与影视资料几乎铺天盖地，绵绵不绝。在这种情况下，对日的民族情感成为一种集体无意识。正是因为作为一种强大的集体无意识一直存在，人们才不会刻意突出与强调某一日子。相反，如果我们的历史教育不成功，国人尚未普遍生成这种历史意识与民族感情，这一特殊日子一经提起才会引起广泛而高强度的关注。在此意义上，高强度的关注本身可能未必意味着好事，可能意味着国人的民族意识尚未得到很好的唤起，意味着需要通过重大事件的强调而统一共识，唤起民族情感。低强度的关注可能意味着人民没有必要再通过某一事件的不断强调去凝聚民族共识，因为共识已经达成。既然共识已经达成，特定事件对人民的刺激效应就会降低，这是很自然的。其二，抗战胜利纪念日是一个明确的史实，而王宝强事件则充满未知。按照人们猎奇的心理，必然会关注未知之事。其三，抗战牺牲是一个极其沉重的话题，而王宝强事件则属于比较典型的娱乐事件，按照人们追求轻松的心理倾向，关注娱乐事件也属正常。其四，也是最后一点，关注王宝强事件和爱国不爱国没有一点儿关系。远谈不上什么“商女不知亡国恨，隔江犹唱后庭花”！现在中国很多基层的老百姓根本不知道 8 月 15 日的纪念意义，但是你能说他们都不爱国？爱国不一定时刻落在嘴上、挂在脸上、写在纸上。现在社会，老百姓有娱乐的自由，这和爱国并不是一种冲突的关系。如果站在道德的制高点上，对此进行批评，恐怕没有什么道理。

2016 年 6 月 24 日

中美深层是文化价值观的较量

文化软实力的提升是中华民族伟大复兴的关键环节！中华民族伟大复兴内容众多，但文化软实力的提升是灵魂和内核。实际上，中美的竞争不仅仅体现在经济、军事、科技等硬实力方面，软实力也至关重要。今天不论我们如何批判，美国文化与价值观具有全球影响是个现实。这从我国多年来一直把英语作为学校必修课就可以看出来，因为语言是文化的符号和载体。如果中国能够在扬弃美国价值观的基础上，继承自己民族的优秀传统价值观，塑造形成一种代表历史发展趋势，引领世界发展潮流，具有全球影响的新型的文明模式与价值理念，超越美国价值观的影响，中国就真叫具有文化软实力了，中华民族伟大复兴就真能实现了。相反，如果提不出一种新型的文明理念，无法超越美国价值观的影响，中国说实现民族伟大复兴就缺乏灵魂、内核与说服力。就此而言，中美深层的较量是文化、价值观与灵魂的较量，而这已经远远超出了经济的层面。中华民族伟大复兴留给世界历史的最终也将是这样一种新型的文明理念与价值观念。在这方面，我们还有很长的路要走，还有很多问题需要解决。

2016年6月13日

坚定信仰"唯上智与下愚不移"

昨天与一老兄交流，他的一个观点我觉得甚有道理。他说，具有强大信仰的一般是两类人：一类是知识分子精英，认识了规律，把握了趋势，具有明确而坚定的信仰。马克思、恩格斯、列宁以及中国共产党的早期精英都是如此；另一类是社会的底层民众，他们往往比较单纯而朴实，一旦精英把信仰灌输给他们，给他们指明道路和方向，他们往往笃信不疑。比如马克思认为的工人阶级，中国共产党依靠的贫雇农与社会底层。与这两者相比，中等阶级或中产阶层信仰最不坚定，因为他们的富足生活或市场活动会侵蚀高远的理想或信仰，让他们世俗化、保守化。

这位老兄的话我觉得很有道理。按照马克思主义的解放逻辑与中国革命的逻辑，都是知识精英联合社会底层，不信任或不完全信任中等阶级，甚至批判或意图去消灭富有的资产阶级。后来，我告诉这位老兄，他的观点可以用《论语》中的一句话来概括，即对信仰之坚定而言，“唯上智与下愚不移”。这实际上也是一种阶级分析方法的巧妙运用，观点颇耐人寻味。

2016 年 5 月 31 日
“长江学者”评选不如取消[①]

教育部规定，高校现职领导不能被推荐为“长江学者”（参见报道《教育部：高校现职领导不得被推荐为长江学者》）。我则建议直接取消“长江学者”的评选。“长江学者”原来在我心目中是非常神圣的一项荣誉。但现在我越来越认为，“长江学者”的评选实际上已经没有必要。现在每年都有大量的“长江学者”被评选，还有“青年长江”，数量之多让我感到非常惊讶。如果一年仅仅有几人或十几人那还可以理解。但是当一年几百人，并且每年都要评，实际上是把这样一个荣誉的质量大为拉低。现在我们国家官方评选的各种荣誉称号太多了。很多评选很大程度上沦为了中国学界自娱自乐的一种游戏而已。当然，很多学者本身对这些评选是趋之若鹜的，因为既有荣誉又有体制内的各种资源。但是，并不是什么事情都能由政府来评定与认可，特别是哲学社会科学领域的学术贡献。有一条被多次验证的规律是：什么事情一

① 本条微信是看了网易文章《教育部：高校现职领导不得被推荐为长江学者》有感而写。

旦泛化就会走向自己的反面。最初是正剧，最后可能就成为闹剧。

2016年5月30日

国人面对西方人的自卑与自傲[①]

近现代以来，中国人在面对西方人时往往在自卑与自傲之间两极转化。近现代以来，西方列强对中国的优势以及我们对西方文明的追求，造成了一种国人对西方人普遍自卑的心态，直到今天很多国人依然如是。尽管现在中国综合国力不断提升，然而，长久形成的怯懦心理、自卑心理与劣势心理很难短时间内完全改变，很多人总是对西方人高看一等。但是，我们往往又不甘于这样一种心底的自卑，总想在某些方面扳回一些什么。于是寻找某些所谓的证据以显示自己的自傲就成为必然。所谓尼克松在会见毛泽东时的谦卑，所谓邓小平在会见撒切尔夫人时的霸气，所谓对当代西方危机的夸大与对中国模式的夸张，莫不如此。对以上方面的反复强调与渲染实际上都是我们这样一个落后民族急于翻身，寻求心理优势与胜势的突出表现。这种急于证明自己的做法在一定意义上恰恰是自卑的表现。所以我们说，近现代以来，中国人在对西方人的认知与情感上，往往在自卑与自傲之间来回交替。直到今天，很多人都没有学会以一种平等的心态与西方人交流。这种矛盾的心态，实际上是

① 本条微信是看了网络文章《关于美国议员面对蔡英文时的翘脚和邓小平外交谈判过程中的吐痰，元芳，你怎么看？》有感而写。

中国近现代以来饱受欺凌而又急于追赶、超越的一种无意识表现。

这一篇文章[①]说得很好，当你给予别人高贵的待遇时，对方不一定会因此就看得起你，往往可能相反；而平等和不卑不亢的态度，反而会让你获得对方的敬重。能不卑不亢地待人，是一种自信和修养，也是一种人格的力量，这并不是GDP能取代的。然而，这还不是问题的全部。还有一个更重要的道理在背后：那就是，我们能平等地对待外国人，有一个前提，我们首先必须能平等地对待自己人。

2016年5月18日
党性与人性

何谓党性呢？所谓党性，就是共产党本身的本质特性。按照马克思恩格斯的说法，共产党人“没有任何同整个无产阶级的利益不同的利益”。按照毛泽东的说法，共产党人要“全心全意为人民服务，而不能半心半意，或者用三分之二的心、三分之二的意为人民服务”。用邓小平的说法就是党是人民的工具。所以从马克思主义的理论逻辑来讲，共产党人是工人阶级的先锋队，追求的是每一个人的自由全面发展，应该具有先进性。这种先进性实际上就是党性的体现与要求。

① 《关于美国议员面对蔡英文时的翘脚和邓小平外交谈判过程中的吐痰，元芳，你怎么看？》。

这种先进性具体表现在两个方面：一是思想理论的先进性。能够在深入调查研究，把握实际情况的基础上提出符合历史发展趋势的先进理论以指导现实；二是党员个人自身道德水平与素质觉悟的先进性以发挥引领示范作用。这两个方面的先进性都表明了，从规范意义上讲党性是高于一般人性的，是对人性的扬弃，是人性追求与人性要求的升华，是对人性的一种引导。其否定了人性中恶的一面，对人性中善的、积极的一面进行保留、升华、追求。

当然这种先进的党性也并不是要求所有党员都成为圣人。从最低的保持纯洁性，到最高的成为圣人，党性要求本身有一个弹性空间。

应该讲以上认识都不难理解，也易于取得共识。但关键问题是现实中并不能够保证所有入党的人都具有这样一种觉悟和认识。这种现实的差距才是当前真正的问题所在。那么这一差距如何解决呢？可以从以下三个方面进行考虑。其一，就是要求执政党首先必须认清自己的功能定位，摆脱过多的行政色彩而真正起到联系民众这样一种作用。按照政党政治的基本原理，政党是联系民众与政府的桥梁，如果政党本身过分行政化、官僚化了，那么联系民众的作用就会在很大程度上被弱化。并且由于过分行政化官僚化，掌握了很多资源，也容易对党员本身构成腐蚀，更会导致党员入党的动机不纯。其二，必须要加强监督制约。在中国的语境下，执政党不管怎么样消除行政化，但由于是执政党，必然仍会掌握相当的资源。在这种情况下，要通过监督制约机制的不断健全完善，让领导干部把行为准则、纪律要求与法治观念逐步地内化，更好地约束自身。其三，通

过学习教育，让党员干部真正地提高自律意识，把好主观世界这个总开关和总阀门，坚定理想信念。

综合以上分析，党性是人性追求的升华，具有先进性，但是这种规范的党性在今天如何实现仍然是需要进一步考虑的。

2016年5月7日

马克思主义中国化研究亟需拓展比较视野

现在的马克思主义中国化研究亟需拓展比较视野。长期以来我们的马克思主义中国化研究过于注重自身的理论发展与阶段演进，缺乏一种宏观的国际比较视野。而脱离这一视野，往往使问题研究无法深入，看不清内在规律趋势。比如对文化大革命的研究，我们知道，文化大革命的缘起是领导人想通过人们思想观念的净化与提升来斗私防修，依托主观世界的力量向理想社会过渡发展。而这种对现实文化的批判与对人们思想品质的倚重在西方马克思主义中也同样存在。比如卢卡奇的《历史与阶级意识》，法兰克福学派的大众文化批判、对美学的依恋、对一种理想人性的呼吁、对一种乌托邦的诉求等等。在上一个世纪的后半期，在中西方马克思主义的发展中，这种对人性、文化的共同关注绝不是偶然的，实际上都反映了共产主义社会无法在短期实现的条件下，在现实社会条件尚不允许尽快过渡的情况下，执着的改造者想直接通过塑造人们的观念、改变社会意识进而改变社会存在的急迫心态与路径选择。在他们看来，

既然社会现实条件不具备，那就通过改变社会意识去变革社会存在。他们都共同夸大了文化与意识的能动反作用，从而都陷入乌托邦的境地。这种共同的特点值得深入研究。

再一个，改革开放以后，中国放弃了传统公有制与计划经济的僵化制度模式，而这样一种对传统公有制的放弃在西方民主社会主义思潮中也存在。比如英国工党一直到1995年才修改其党章第四条，放弃公有制条款。这种中西方工人政党对传统公有制的共同反思与放弃也值得深入思考。

从以上意义上讲，只有具有这样一种广阔的比较视野，对马克思主义中国化的研究才会更为深入，对人类历史的大逻辑才会把握得更加清晰。这方面我们的研究尤其需要加强。

2016年5月5日

人文社会科学研究者应能对社会发展中期趋势做出判断

我一直觉得，人文学科的研究者应该能够对国家与社会的未来发展趋势做出中期（10年至20年左右）范围内的预测和判断。如果研究了半天哲学、科社、党建、政治学、经济学、社会学等等，但对现实问题做不出任何趋势判断，只是空对空地搞概念、搞理论、搞逻辑、搞诠释，那是没有什么实际意义的！根据自己的学科基础，对国家改革发展的中期趋势作出一定的判断和预测，是人文学科研究的基本要求。而现在我们看到，很多学者纯粹是空对空地研究，对现实的问题缺乏话语权。特别是对马克思主义学科的研究，很多人只是空喊关注现实，但是并没有去认真研究现实问题。这在很大程度上使研究变成了“屠龙之术”。当然做判断并不是简单地提出具体对策，也并不意味着判断能够完全得到验证，但是我们要努力去把握发展的规律和趋势。现在很多研究者根本没有能力去做趋势预测和判断，研究结论既谈不上对也谈不上错，而是根本无意义。这样的研究，按照英国科学哲学家波普的说法，结论没有科学性，因为其既无法证实也无法证伪。能够对现实的改革发展趋势作出重大判断，指出按照逻辑与规律应该如此并且必须如此，是人文学科素养的一个重要表现，也是很多人文知识分子的努力方向。

2016年4月22日

如何认识辩证法？[①]

“中学时的课程，再没有比唯物辩证法更容易上手的了，简单易学，痛快明了，通关秘笈就一句话——凡事要一分为二地看！从此你就获得了一件战无不胜的思想武器，天下虽大，恨无对手。举世悠悠，唯我独尊！你甚至不需要中学毕业，也照样能够把读书万卷的大学者，批得死去活来，噎得号啕大哭！”[②]

个人认为，不能笼统地否定辩证法，其具有巨大的思维价值与意义。但一般教科书中的辩证法确实存在很多问题：一是

① 本条微信是看了网络文章《雾满拦江：辩证法是如何降低智商的！》有感而写。

② 引自《雾满拦江：辩证法是如何降低智商的！》。

停留在常识的水平，难以给人深刻的洞见；二是抽空了一切内容，仅仅论述所谓抽象的范畴与形式规律本身，然后以简单的例子证明，而没有深入分析这些规律是怎样得出的，为什么恰恰是这些规律；三是把这些规律推广到一切领域，认为普遍适用，这样就把辩证法本身绝对化了，很大程度上使辩证法具有了独断论的嫌疑；四是没有讲清楚现在教科书的辩证法和黑格尔辩证法的关系（不是简单颠倒，放置在唯物基础上就能概括的），特别是和马克思本人辩证法的关系。

2016 年 4 月 19 日
中国意识形态演进的三个阶段

从中华人民共和国成立直至中国现代化完成，中国意识形态的演进将会呈现出三个阶段。

第一个阶段是新中国成立至 1978 年，我们以一种超越性的大一统的意识形态整合社会。这一阶段意识形态的最大问题是欲以超现代性的共产主义蓝图为指导去实现中国现代化的目标，从而造成理论与现实的脱节以及意识形态自身的必然衰落。与这种超越性目标相对应，这一时期意识形态的落实方式是运动式的，即领导者通过不停的运动去推动落实自己坚守的意识形态目标。这是因为，超越性的目标脱离人们的实际需求无法长期制度化，甚至无法长期政策化，只能靠自上而下的运动不停寻求实现。

第二个阶段是改革开放迄今的现代化实现过程，以一种祛魅后的、发展性的意识形态整合社会，凝聚共识。邓小平理论、“三个代表”重要思想、科学发展观以及习近平治国理政思想基本都属于此。这一时期的意识形态建构关注现代化过程本身的问题、思路与对策，为发展提供理论合法性与指导，追求目标多是整体性（国家富强、民族复兴等）的，个体利益实现与权利追求在很大程度上是附属于或内含于整体性目标之中的。但这种意识形态的吸引力与凝聚力是存在很大问题的。一是由于这一意识形态体系本身很多方面缺乏稳定性。现实本身的发展变化导致以发展为内容的意识形态本身也不断变化，缺乏稳定持久的理论建构与价值关切，而稳定持久的理论建构与价值关切对于意识形态的凝聚力而言恰恰是极为重要的。二是因为发展性的意识形态本身往往秉持一种工具化、功利性、即期性、手段性的思维方式，而这一思维方式反过来对于孕育它的这一意识形态本身又产生了巨大的祛魅、消解与解构作用。三是因为这一时期的意识形态过于侧重宏观整体性目标，对个体权益关注不够，对个体缺乏足够的吸引力。四是因为这一时期各类问题特别是社会公平问题凸显，很大程度上侵蚀了意识形态的合法性。这一时期意识形态落实的方式是政策式的，即主要通过各领域宏观和微观的政策落实发展目标，稳定规范的制度建设存在较大不足。实际上，不断变化的现实与不断创新的理论很难以一种系统完善的制度体系的方式予以体现与反映。

第三个阶段即现代化基本完成以后的意识形态，它会在较大程度上扬弃现代化的发展思维，比较稳定地关注于个体的自由、权利与发展。当然，宏观性的价值理念还会存在，但不是以整体包融个体，公民的身份理念将会突出。也正是因为建基

于对个体的关注，所以这一阶段的意识形态将更容易为社会成员普遍认同。这一时期的价值理念将会保持基本稳定而不再像上一时期一样处于不停的创新变动中。这一时期意识形态将日益落实为稳定、完备、规范的制度体系。

至于今天中国的意识形态，则处在从第二个阶段向第三个阶段的过渡时期。社会主义核心价值观的那十二个范畴就带有明显的发展理念与公民权利混合的意味。十八届三中全会提出的国家治理体系现代化的全面深化改革总目标也表明了构建规范、完备、成熟的制度体系的意向。换言之，当前中国的意识形态具有较为明显的过渡性质。

2016年4月9日 当代中国的思想分化

前几天和一个老家的民营企业家朋友吃饭，席间谈到了中国的思想分化。朋友谈到，他在出差途中为消遣买了一本书，里面讲到当代中国社会思潮特别是左派思潮。我问是不是《当代中国八种社会思潮》,朋友说正是此书。他谈到,看到书中“老左派”主张再来一场“文革”，否定市场化改革的观点时，只觉得脊背发凉,冷汗直冒,非常担心未来经济改革的走向。我想,这可能是民营企业家基于经验教训而产生的一种普遍的应激性反应。我对他做了解释，我个人认为长久趋势已经不可逆，民营经济发展还有极大空间，并且中央理念是清晰的。通过交流，我深切感受到民营企业家现在仍存有戒惧心理。如何从制度政

策上更有效地支持民营经济的发展，破除民营企业政治上“低人一等”的自我定位与忧虑忐忑的不安心理，恐怕还有很多工作要做。对于思想分化要引领，但对于某些极端的思潮，中央态度要明确并深刻批判。“改旗易帜的邪路”不能走，“封闭僵化的老路”也不能走。对于十八大和习总书记的这一重要论述，当前很有必要加深理解！

2016 年 4 月 7 日

马克思主义作为一级学科门槛高还是低？

马克思主义作为一级学科门槛高还是低？现在给人的一般印象是马克思主义作为一级学科，门槛很低，不论什么人都可以扯几句，好像什么人都可以搞马克思主义。特别是一些领导和官员，其他专业搞不了，纷纷挤到马克思主义学科写文章，出著作，带学生，张口闭口来几句马克思主义的名言，俨然成了专家。结果导致马克思主义研究领域鱼龙混杂，一地鸡毛，严重败坏了马克思主义研究的声誉。这种情况与马克思主义作为党的指导思想有很大关系。马克思主义作为党的指导思想，全党都要学习，特别要学习马克思主义的一些基本理论和中国化的成果，结果是很多领导干部掌握了一些通俗化甚至简单化的理论知识，好像也懂得了不少马克思主义，文件政策也能说一通。实际上，很多人掌握的马克思主义知识是很皮相而粗陋的，既不深入也不全面。对这些人来说，真是马列挂嘴边，肚中空荡荡。规范意义上，马克思主义及其中国化的成果，是反

映现实问题的具有整体性的理论成果，进入门槛应该是比较高的。只有对现实问题有了切实思考，并具有一门或几门其他学科专业的知识背景，才有可能对文件式的语言进行深入解读。如果没有任何其他学科知识背景，或其他学科知识背景不全面，要想真正全面理解党的理论是有很大难度的。就此而言，马克思主义及其中国化的成果是要以对现实问题的深刻把握以及其他学科的背景作为基础才能够得到很好的理解，其进入门槛实质上是比较高的。要求的高门槛和现实中的低门槛导致了这个领域的研究成果几乎不忍卒读，大量的人研究马克思列宁主义、中国特色社会主义，但政策语言、文件语言充斥，也使得其他学科对马列学科瞧不起。当然，问题很难一时解决，但道理我们不能不明！

2016 年 3 月 25 日

共产主义的现实性

最近关于共产主义的讨论热得很，本不想凑热闹，但近年来一直承担经典著作教学，且多次和同事及学员交流，有些思考，遂做整理，以免忘记。共产主义虚幻吗？仅仅是一个无限趋近而永不能达到的乌托邦吗？其具有任何现实性吗？对这些问题如果不能有效解答，无论主流意识形态如何加大宣传力度，都不会有实际效果。对此，要理论联系实际，对这一问题做出明确回答：共产主义具有现实性。

共产主义的现实性具体表现在以下几个方面。其一，现今

社会已经具有了共产主义因素的萌芽或征兆。比如西方发达国家的社会福利制度，三大差别的日渐缩小，社会公平的历史推进，后物质主义的价值取向，对自由时间与个体发展的愈益关注，作为小范围自由人联合体的社会自由结社等等。这些都不是资本本身内生或具有的，而是在内外压力下与对矛盾危机的改革调整中不断滋生的新社会因素的萌芽。对于新社会因素产生于旧社会内部，马克思做过明确论述。其二，马克思不仅将共产主义理解为一种理想社会形态，同时还理解为一种从现实的人出发、解决现实问题的持续的历史过程与历史运动。共产主义是现实运动与理想形态的有机统一。在此意义上，习近平总书记强调，没有远大理想不是合格的共产党员，仅有远大理想不从实际出发也不是合格的共产党员。这是有理论依据的。既然如此，我们推进现实的改革发展，破解难题，保障民权，改善民生，增进人民的自由，发展与幸福，就是在扎实地推进共产主义的现实运动。就此而言，虽然不能说共产主义社会当下即是，但也可以讲共产主义运动当下即是。其三，马克思明确提出，共产主义是世界历史性的存在，换言之，是一种全球性的存在形态。而今天，面临诸多的全球性问题，诉诸武力的霸权观念、自私自利的帝国思维、利润至上的资本逻辑、甚至为自身利益不惜到处制造事端乃至挑起战争的想法是不会有任何实际解决效果的。面临这样一些人类共同的问题，负和博弈、零和博弈的思维都不足取，只有共产主义的正和思维，人类共同发展的价值思维才能提供最终的解决之道。习近平总书记讲的人类命运共同体，利益共同体即有此意。以牺牲一部分人为代价换取另一部分人的

发展最终是行不通的，这是意大利文艺复兴时期思想家但丁讲的旧社会的基本原则，其必将越来越不适应于不断进步中的全球治理。资本的逻辑最终无法破解全球化的困境，世界性问题的解决将不得不最终采用共产主义的思维逻辑与价值取向。也正是在全球性问题的不断破解中，共产主义才逐步成为了一种世界历史性的存在。综合以上，共产主义远矣，共产主义近矣！

厚重的理论遇见浮躁的社会。

深表赞同！是否可以再加一条：互联网大数据等科技进步正在为共产主义的最终实现奠定技术基础！

2016 年 3 月 23 日

马克思恩格斯的遗产以及继承者

马克思恩格斯是国际工人运动早期的卓越领导者。马恩以后，国际工人运动趋于分化，形成了不同的组织派别。系统梳理马恩以后国际工人运动的发展轨迹与演化逻辑，对于深化关于国际工人运动的理解具有至关重要的意义。马恩肇始的大范围国际工人运动组织当属 1864 年成立的第一国际（国际工人协会），马克思是创始人之一和实际领袖，后来恩格斯也参与了领导工作。1876 年第一国际解散。马克思逝世后，1889 年恩格斯推动成立了第二国际（社会主义国际）。第二国际宣布每年的 5 月 1 日为国际劳动节，每年的 3 月 8 日为国际妇女节，并创始了8小时工作制。

恩格斯以后，由于对时代形势和无产阶级革命的认识分歧，第二国际分成了三派：以伯恩斯坦为代表的，不主张革命而主张改良的，我们称之为修正主义的右派；坚决反对修正主义，主张革命，以列宁和卢森堡为代表的左派；对修正主义折衷调和的中间派。由于第一次世界大战爆发，第二国际大多数政党纷纷表态支持本国帝国主义政府，第二国际虽未宣布解散，但实际停止活动。第一次世界大战以后，苏俄取得了无产阶级革命的胜利，原来第二国际中的革命左派于1919年3月在莫斯科成立第三国际（共产国际），中国共产党自诞生之日起很长时间都是其成员。1920年，原第二国际中的右翼和中间派又举行会议宣布重新恢复第二国际（伯尔尼国际）。由于伯尔尼国际内部也存在中与右的分歧，1921年，13个国家的中间派社会党又从伯尔尼国际中分裂出来，成立了第二半国际（维也纳国际）。第二半国际主张根据具体形势确定斗争的手段和策略，既运用民主的手法，也不排除使用暴力和实行专政，与伯尔尼国际与共产国际都保持一定距离。但随着欧洲革命形势趋于低潮，第二半国际的领袖们不再坚持中派立场，1923年，第二半国际与伯尔尼国际很快又重新合并，建立社会主义工人国际。由于第二次世界大战爆发，社会主义工人国际停止活动。

第二次世界大战期间，考虑到各国斗争情况的复杂，需要各国共产党独立自主的处理问题，1943年第三国际即共产国际宣布解散，但现实社会主义国家却由此而存在与延续下来，中国即是属于这一支派。第二次世界大战以后，欧洲各国社会党又宣告成立社会党国际，并自称其历史源于第一国际，是第二国际和社会主义国际的继承者。社会党国际主张走既不同于资本主义，也不同于传统共产主义的第三条道路，即民主社会主义道路，广泛发展民主，采取普遍福利措施，实行混合经济体制，采用国家计划调节。从以上分析可知，现今世界的社会党与共产党组织在很大程度上具有同源性，可以说某种程度上都是马克思恩格斯遗产的继承者，都是国际工人运动的不同支派，体现了国际工人运动的不同探索。

2016年2月11日
媚上形成的机制

从社会学意义上讲，媚上很多情况下是特定背景下个体趋利避害的一种行为选择。媚上者心知肚明，但不得不戴着假面，整个群体弥漫着一种虚假的氛围。媚上的形成机制值得深入思考。

金庸《天龙八部》有载：星宿老仙丁春秋是江湖上一位恶贯满盈的魔怪，每一开战，弟子们便高帽与马屁齐飞，锣鼓与掌声四起。通常是还没有过招，就有弟子出班朗声颂赞："星宿老仙，德配天地，威震寰宇，古今无比！"其余弟子击掌应和，号角声、欢呼声响成一片。有一回，慕容复的手下包不同看到这一欣欣向荣的景象，恶作剧心大起，就对星宿派门下弟子说，贵派神功有三项最厉害："第一项是马屁功。这一项功夫如不练精，只怕在贵门之中，活不上一天半日。第二项是法螺功，若不将贵门的武功德行大加吹嘘，不但师父瞧你不起，在同门之间也必大受排挤，无法立足。这第三项功夫呢，那便是厚颜功了。若不是抹煞良心，厚颜无耻，又如何练得成马屁与法螺这两大奇功呢？”包不同本是出言讥刺，料定说完星宿派弟子必恼羞成怒，拳脚相向。谁知这些人听后，竟甘之如饴，默默点头，一个劲儿地称颂包不同聪明过人，对本派神功知之甚深。只有一个弟子补充道：“最重要的秘诀，自然是将师父奉若神明，他老人家便放一个屁……”，包不同抢着说：“当然也是香的。更须大声呼吸，衷心赞颂……”，那人道：“你这话大处甚是，小处略有缺陷，不是‘大声呼吸’，而是‘大声吸，小声呼’。”……

2016年1月13日

科学对待马克思主义

马克思主义作为我们党的指导思想，是指导中国改革与发展的重要理论资源，我们必须要始终坚持、科学对待并不断发展，但马克思主义本身不是大全，不是遇到任何问题都可以在其中找到答案或指南的杂货铺或大包袱。不能把马克思主义看成无所不包的万能的仓库或贮藏室，任何问题都一定要到马克思、恩格斯、列宁那里找根据、寻根源，好像不如此就非正统，就没有合法性。这种做法实无必要。如果事事都要到马克思主义那里找根源、扯关系，那会给马克思主义过多的荣誉，但也会给马克思主义过多的侮辱。如果认为仅靠马克思主义几条原理就可以包打天下，任何问题的解决都可以简单而线性地归溯到马克思主义的基本原理与方法，这种看法如果不是浅薄的无知，就是盲目的自信，抑或兼而有之。问题决没有这样简单，即使理论与现实相合，其难度之大可能也超乎我们一般所认为。

马克思主义极其伟大，但马克思主义并非无所不包，也并非无所不能。马克思主义有其产生的时代性，马克思主义经典作家有其思考的重点与倾向，马克思主义的理论所涉也有盲点。这就决定了我们必须要突破既有认识框架，探索未知区域，能在原有盲区讲新话。尤其随着现代化的推进，中国社会结构趋于复杂化，各种新问题、新矛盾、新挑战不断涌现，在这种情况下，我们在坚持马克思主义宏观指导的前提下，在自己不断创新的基础上，恐怕还要充分吸收、借鉴各种有益的思想理论资源，推动形成以马克思主义为主导、马克思主义与其他各种理论资源互补共生的态势。改革开放以来，我们也确实一直在努力吸收借鉴发达国家反映现代化规律的各方面思想理论成果，积极推进我们自己的理论建设与发展。就此而言，在中国特色社会主义理论形成与发展的过程中，现实需要我们做什么，我们就做什么！实际上，马克思主义也正是在这一过程中才得到与时俱进的发展。那种认为任何问题都可以在马克思主义那里觅得药方或指导的想法实际上封闭了马克思主义发展与创新的可能。

2016 年 1 月 11 日

知识分子首先要正确地解释世界

哲学社会科学首先需要的是解释世界，而非改造世界。中国的知识分子一直具有改造世界的强烈冲动。这一方面是由于传统文化的影响。在传统文化中，士大夫的定位就是入世出仕。“士不可不弘毅,任重而道远。”“修身、齐家、治国、平天下。”“三尺龙泉万卷书，上天生我意何如，不能治国安天下，妄称男儿大丈夫。”“先天下之忧而忧，后天下之乐而乐。”“学会文武艺，货卖帝王家。”“西学东渐”以来成为主流思潮的马克思主义也以实践性为基本特征。马克思的名言——“以往的哲学家只是解释世界，而问题在于改造世界”——更是被中国知识分子广泛引用。传统文化的基因加马克思主义的催化，引发了近现代迄至今天中国知识分子重现实功用、重现实变革、货卖帝王家的不懈热情。当今这一点表现得更加明显。而我个人做学问的体会则是，知识分子的首先任务还不是急于为变革外部世界而出谋划策，首要是通过深入的学习研究去正确并深刻地解释这个世界。正确深刻地解释世界是正确深刻地改造世界的前提。马克思本人之所以会有如上名言，是因为他认为自己创立的唯物史观已经能够正确地解释世界了，换言之，解释世界的任务已经完成，下面剩下的自然就是改造世界了。对于我们一般的知识分子而言，解释世界的难度丝毫不亚于改造世界的难度。对于外部世界，对于我们改革中的若干问题与现象，我们能够搞清楚、说明白来龙去脉、内在逻辑、关系结构吗？用辩证思维、系统思维、历史思维等正确地解释中国的问题与现象，是中国哲学社会科学知识分子首先要做的。如果没有这个基础，即使提出一些所谓改造世界的建议，也是肤浅的、皮相的。就此而言，知识分子要有适度的谦逊，在积累足够之前不要轻易地去试图变革什么、实现什么。

2015年12月23日

“古之学者为己，今之学者为人”

子曰：“古之学者为己，今之学者为人。”古之学者学习是为了提升自己的知识修养与人格境界，并不带有多少功利的色彩。像亚里士多德讲的求知源于好奇，康德讲的头顶的璀璨星空和心中永恒的道德法则，孔子讲的仁以为己任，孟子讲的浩然之气，都是这个意思。至于外部事功，只不过是为己之学的副产品，用经济学的术语讲，是为己之学的溢出效应或正外部性。所以，先是格物致知、正心诚意、修身，然后才是齐家、治国、平天下。而今之学者很多恰恰相反，做学问很大程度上成为了谋名利的手段，内心浮躁、一心追名逐利，外欲压倒内心，收不了心，守不住心，静不下心！此王阳明讲的心中贼也，呜呼，哀哉！

2015年11月24日

到底什么是社会主义核心价值观

社会主义当然有其价值观，当然有其核心理念！那么，社会主义核心价值观是什么呢？要精确地回答这个问题，首先需要回到马克思对共产主义的论述，回到科学社会主义的价值精髓。脱离马克思的观点谈社会主义的核心价值观是不得要领的。马克思强调，共产主义社会是以每一个人的自由全面发展为基本原则的社会形式。《共产党宣言》与《资本论》对此均有论述。恩格斯也认为，《共产党宣言》的论述最能代表未来社会主义新纪元的基本原则。由此可见，今天价值观的概括必须体现这一基本价值原则。而每一个人的自由全面发展落实到今天，实际上就是具体化每一个公民的权利！公民身份凸显每一个个体，而社会成员的发展以正当合法权利为条件和保障。民主、法治、公正实际上是公民权利的具体实现机制，富强、文明、和谐也必须以公民权利为前提才有可能。爱国也以民权为前提，哈贝马斯讲的“宪法爱国主义”即是指此而言。尤其在今天的形势下，公民权利贫困或相对贫困问题突出，更体现出确认、保障、维护公民权利之重要。综合以上分析，不论就理论来说，还是就实践而言，社会主义核心价值观应该围绕公民权利做进一步概括，这是真正的核心，而不应包含过多过泛的内容。如不这样，即使提出也未必入脑入心入行。

生存权利与发展权利等。

应该突出“核心”二字。

高度赞成结尾两句话。还要加一句，没有制度表达，再动听的词都无用。

2015年11月19日

思想解放的逻辑

我们党非常强调解放思想，特别是改革开放以来尤其如此！为什么我们党这么重视思想解放？思想解放的逻辑是什么？这

些问题今天仍然需要深入思考。最近读书讨论，有以下几点认识。第一，我们党注重思想立党、理论立党，思想理论状况如何对党具有决定性意义。对比西方的某些政党，其肯定也遵奉某种思想理论的指导，但其更强调某些普遍的、具有一般性的价值原则作为指导，比如自由、法治、民主、权利等。形象地说，我们党是从理论下降到政策再下降到行动，西方政党是从价值理念下降到制度再下降到行动。简单的价值理念比复杂的思想理论相对明确得多，严格的制度比富有弹性的政策明确得多，所以，思想解放的问题在西方政党那里并不像我们这里如此突出！第二，既然我们党以思想理论立党，而任何思想理论都内涵丰富，且与实践相比在很多方面具有滞后性。在这个意义上，我们可能在一个时期在某一个点上实现了思想解放，但在另外一个时期又遇到另外一个点的思想僵化，我们可能在某个时期思想解放形成了一种新的理论观点，但这个理论观点随实践的不断发展自身又会僵化从而也成为待解放的。就以上两种情况来说，我们在思想解放过程中很长时间内会存在一个思想解放与思想僵化的往复循环。第三，作为重大理论问题的思想解放是否会永无止境呢？不会！邓小平讲过，民主是思想解放的重要条件。实际上，随着社会力量的不断发育，民意表达与监督制约作用的不断增强，随着民主制度机制的不断完善，权力者想思想僵化都不可能了。就此而言，社会民主与政治民主的不断发展完善把思想解放常规化了，日常化了。那个时候，作为政治重大任务的思想解放已经丧失了赖以存在的条件语境，有效而顺畅的民主把其消解掉了。

通过运动实现思想解放，还是通过制度实现思想解放？通过群众路线实现思想解放，还是通过民主法治实现思想解放？是通过大的挫折实现思想解放，还是相对稳妥地实现思想解放？

2015年11月12日

无产阶级：在传统认知与实际状况之间

按照传统理解，无产阶级具有彻底的革命性与先进性，最终会在阶级意识的启蒙下通过先进理论的指导从自在走向自为，完成历史使命。现在看来，这种观点可能需要深入思考。无产阶级话语在马克思那里属于粗线条的宏大叙事，马克思很大程度上是预先按照自己的理论逻辑与价值认定去看待无产阶级的，把无产阶级纳入了自己的历史解释模式。换言之，无产阶级是经过材料取舍与理论抽象最终成为传统的理论形象的，在马克思那里，经过理论抽象的无产阶级实际上成为一种韦伯意义上的理想类型，自为且担负伟大使命。但实际上，自在才是无产阶级的常态，狡黠、自私、功利、短视也并非与无产阶级绝缘，他们同样受制于资本的逻辑。理论抽象与现实状况之间存在不小的鸿沟。后来的西方马克思主义在革命主体方面的迷茫、失望甚至绝望恰恰来源于这种对现实愈益清楚的认知。

自在、自为，这个角度选得好！

2015 年 9 月 24 日
社会主义作为一种“现实运动”

“什么是社会主义”是现实社会主义建设与发展首先必须在理论上搞清楚的问题。按照传统理解，社会主义是共产主义的第一阶段，而共产主义是一个要经过很长历史时段才能实现的美好社会形态。此即所谓社会主义与共产主义的“社会形态论”理解。那么，这一传统理解视角对于把握社会主义而言是否具有唯一性呢？一方面，应看到，这种“社会形态论”的理解聚焦于未来的理想目标、美好结果与应然状态，突出了社会主义与共产主义在人类历史发展阶段上达到的层次高度，指明了人类社会依循基本矛盾运动规律的必然走向，因而具有极强的终极价值定位和重要功能定向意义。但另一方面，亦应认识到，这种“社会形态论”的理解虽极为重要，但对把握社会主义与共产主义而言并不全面。如果共产主义只是一个在遥远未来才能实现的美好理想，即使它的实现具有历史必然性，那又如何对当下的人产生持久的吸引力呢？实际上，按照马克思主义的基本理论逻辑，社会主义与共产主义不仅是一种美好的理想，更是一个从现实的人出发，不断满足人的现实利益需求、不断推进人的自身发展、不断实现社会理想的持续的历史过程与历史运动。

在阐述唯物史观的经典著作——《德意志意识形态》中，马克思恩格斯明确强调了从“现实的人”出发的科学研究方法论。“我们的出发点是从事实际活动的人。”[①]“符合现实生活的

① 《马克思恩格斯文集》第 1 卷，人民出版社 2009 年版，第 525 页。

考察方法则从现实的、有生命的个人本身出发。”[①]“这种考察方法不是没有前提的。它从现实的前提出发，它一刻也不离开这种前提。它的前提是人……是处在现实的、可以通过经验观察到的、在一定条件下进行的发展过程中的人。”[②]现实的人是具体的、历史的，是处于实际的生产与生活过程中的。从现实的人出发，就必须具体分析现实社会的生产发展、分工状况，分析与生产发展及分工状况相对应的各个阶层的性质、特点、力量状况，分析社会公众的现实需求与愿望，了解整个社会结构状况。这样，从现实的人出发进行考察就一步步展现为对特定社会的全面而系统的唯物史观分析。由于马克思主义的科学社会主义理论是以马克思主义哲学作为理论基础的，“从现实的人出发”的研究方法论对于理解社会主义而言就具有了至关重要的意义。恰恰是依据“从现实的人出发”这一哲学方法论，马克思恩格斯将社会主义与共产主义理解为一种从现实出发的持续历史过程与历史运动。在《德意志意识形态》中，马克思恩格斯明确指出：“共产主义对我们来说不是应当确立的状况，不是现实应当与之相适应的理想。我们所称为共产主义的是那种消灭现存状况的现实的运动。这个运动的条件是由现有的前提产生的。”[③]马克思恩格斯这一观点可以称之为对社会主义“现实运动论”的理解。在此所说的共产主义“不是应当确立的状况，不是现实应当与之相适应的理想”并非是指共产主义不是一种理想的社会形态，而是说对共产主义理念不能人为

---

① 《马克思恩格斯文集》第1卷，人民出版社2009年版，第525页。
② 《马克思恩格斯文集》第1卷，人民出版社2009年版，第525页。
③ 《马克思恩格斯文集》第1卷，人民出版社2009年版，第539页。

设想、主观设定，不能纯粹从头脑出发认为应该如何，而是必须把共产主义放在现实的基础上与历史的条件下进行研究与探讨。正如恩格斯在《社会主义从空想到科学的发展》中指出的，要使社会主义由空想变为科学，“就必须首先把它置于现实的基础之上”。概而言之，从具体的、现实的、历史的人出发是马克思恩格斯认识和探讨社会主义的根本要求和根本方法。科学社会主义之所以具有科学性，就在于其以客观现实及其不断变化为依据，在不断反思、批判现存状况中探索社会革新之道。确实，社会主义只有从不断变化着的客观实际出发，关心现实的人，不断满足人的现实利益需求，它作为一种理念与制度才会具有吸引力。如此，社会主义才具有现实性。正像邓小平指出的：“人民，是看实践。人民一看，还是社会主义好，还是改革开放好，我们的事业就会万古长青！”[①] 当下的实践效果决定了社会主义的恒久吸引力与万古长青。

对于马克思恩格斯的社会主义“现实运动论”思想，长期以来我们一直关注不够。恰恰因为对其缺乏充分的重视与研究，社会主义国家建设实践中很长时间都存在着指导思想脱离实际、忽视人的现实利益，主观主义特别是教条主义严重等问题。改革开放以后，我们党重新确立了实事求是的思想路线，注重贯彻群众路线。实际上，不论是“一切从实际出发，理论联系实际，实事求是，在实践中检验真理和发展真理”的思想路线，还是“一切为了群众，一切依靠群众，从群众中来，到群众中去，把党的正确主张变为群众的自觉行动”的群众路线，在哲

① 《邓小平文选》第3卷，人民出版社1993年版，第381页。

学思维上所体现的都是马克思恩格斯"从现实的人出发"的方法论原则。换言之，我们党对思想路线与群众路线的强调把握到了马克思恩格斯对社会主义认识的方法论真谛，恰恰符合了马克思恩格斯关于社会主义的"现实运动论"思想。就此而言，改革开放以来中国建设与发展的巨大成就，一方面说明了党的思想路线与群众路线所具有的重要功能，另一方面也充分证明了社会主义"现实运动论"思想的重大现实指导意义。

社会主义既是一种社会形态，同时又是一个现实运动过程。社会主义作为一种社会形态，发挥着未来的价值定向功能，作为一个现实运动过程，发挥着当下的凝聚吸引功能。我们既不能因为社会主义是一种美好理想而只空谈未来甚至把理想与现实混同，也不能因为社会主义是一个现实运动过程只注重当下甚至放弃远大理想。社会主义作为现实运动过程与美好社会理想是内在统一、不可分割的。具体到今天中国特色社会主义的建设与发展而言，在坚定共产主义信仰的前提下，从现实运动的角度来理解社会主义，要求我们既要心怀高远，又要脚踏实地，既要明确马克思主义的根本价值追求与目标理念，又要注意依据现实条件，做好现实工作。正如习近平总书记强调指出的："作为一名共产党员，就必须用唯物史观看待事物，既要志存高远守护革命理想，又要脚踏实地干好现实工作，把二者统一起来而不是割裂开来，更不能对立起来"；"没有远大理想，不是合格的共产党员；离开现实工作而空谈远大理想，也不是合格的共产党员"。① 也正是在现实建设与发展的持续推进过程

① 《习近平谈治国理政》，外文出版社 2014 年版，第 23 页。

中，社会主义在不断显现优越性、产生吸引力的同时，向着更为理想的状态迈进。

2015 年 1 月 9 日
马克思理论中的善恶预设

今天看书有感，想谈一下马克思理论中的善恶预设问题。细思马克思的理论，有一个发现，尽管他强调历史规律，但仍然有极强的主观理论预设：除流氓无产者外的无产阶级的先进性，作为先锋队的无产阶级政党的历史使命与先进性，代替资本主义的共产主义的理想性。尽管有唯物史观做基础，但这些观点都带有极强的善恶预设色彩，这些预设都体现了马克思本人的好恶，而这种个人道德判断是否影响了马克思理论研究的客观性呢？这个问题需要深入思考。

我也经常思考：马克思也是人，在阐述一种理论时是否也会在不知不觉中加入了一些带有他个人偏好的属性，进而使他的理论带有主观的偏差呢?

李老师，请教问题，有纯客观的社会科学理论吗？有真正的公共知识分子吗？有实现一切人的全面自由发展的可能吗？

真是好问题，没有纯客观的社会科学理论，但应避免过分的价值预设；公共知识分子肯定有，但任何公共知识分子都有特定的群体属性，公共到什么程度是个问题；有实现人的自由全面发展的可能，但再全面发展也有问题与苦恼!

2014年12月30日

从“任性”访谈看中国文化断裂

昨天中午看央视《新闻30分》，记者采访，“今年你任性了吗？最任性的事是什么”？显然，这是由“有钱就是任性”而引发的话题！让我感到有些违和的是这样一幕：记者问街头一满脸风霜的修自行车的人：“你今年最任性的事是什么”？修自行车的人一脸迷茫，不知记者所云，倒是旁边的一个妇女搭腔：“他最任性的事就是修车没收人家十块钱。”显然，不论是修自行车的人还是搭腔的人都没有理解记者提问的语境。这个栏目的编导和记者忘记了，“任性”这个话题是由有钱引发的，“任性”本身在很大程度上需要身份、地位、金钱与时间做保证，需要对网络与媒体的熟悉。所以，“任性”的话题集中于社会的优势群体与白领群体，或者范围更宽一些，部分青年群体与学生群体。他们才有条件、有情调与心情谈论甚至炫耀所谓“任性”的话题。除此以外，对每天奔波忙于生计，没有时间与条件，没有心情，对网络并不熟悉的至少一多半中国人来说，比如农民工、小商贩、农民等，访谈所谓“任性”的话题，属于典型的文化错位！这些社会的中下层甚至弱势群体缺乏理解这一话题的条件与能力。这一节目的编导与记者没有看到，在今天中国不同阶层间存在巨大的文化断裂与价值鸿沟，他们以自己的立场与思维去推及别人，缺乏对中国社会现状与文化现状的理解与认知。我甚至觉得他们的采访在一定程度上是对一般民众特别是弱势者人格的不尊重，尽管是无意的。这些编导与记者太“任性”了，“任性”的缺少思考，不了解这个国家国情的复杂。以此看中国，管中窥豹！

这个问题对于不上网的人谁知道啊，这些编导记者们认为老百姓都整天在网上生活啊。

同意！一些弱势群体越来越发不出自己的声音，被遗忘，被埋葬，被代表。

同感！我看了这个节目，觉得记者确实有点问题。老百姓还是善良，半开玩笑半当真，娓娓道来自己如何任性，呵呵！

很多媒体把网络当成世界的全部，把一些在网上自娱自乐的网络用语生搬硬套到现实生活中。

一旦脱离群众，就会出现官场异化、舆论场异化的怪现状，官员见了老百姓不会聊天，记者见了老百姓不说人话，也就见怪不怪了。总之，脱离群众太久自然就会形成完全不同的精神世界，苦乐大异其趣，对话自然茫然无措……

2014 年 11 月 9 日

应加强官员的法治思维教育

依法治国首先必须让官员明白什么是法治与法治思维。依法治国一方面要推进制度建设，另一方面也应加强对官员的法治教育。如果官员连什么是法治与法治思维都不知道，如何去实践法治？据个人观察，我发现官员的法治意识急需加强。比如城市管理过程中城管人员与商贩的利益冲突就反映了当地领导者法治思维的欠缺。商贩从农村到城市是为了生计，在城乡二元的体制下，在社会保障有待健全的情况下，这是农民力图享受城市化便利的一种自发方式与手段。它涉及的是商贩的基本生存权利这一最基本的人权。正如古希腊先哲亚里士多德所言：人们来到城市，是为了生活的更加美好。当然，城市需要管理，但不能以管理为名剥夺商贩的生存权利，更不能实行粗暴的管理。他们靠自己的双手为何不能在城市有赢得自己生存机会的权利？如果一个地方的主要领导没有这样的法治思维，不能以这种法治思维约束、规范城管人员，而只以简单的行政命令行事，又怎么能指望城管人员本身能依法行事呢。还有一个现象是，当前某些地方政府对违法犯罪嫌疑人的游街示众也反映了一些官员法治思维的欠缺，在不经过司法程序的情况下，这种做法本身就是违法的，是侵害犯罪嫌疑人人格权与名誉权的行为。只讲法治，不告诉官员法治是什么，法治思维是什么，包含什么内容是不行的。因为认识是行动的前提，思维引导行为！

城乡二元体制本身就是违背法治精神的，因为它侵犯了公民的平等权。

中国走向法治，首先应是权力在法治的镣铐下运行，最基本的就是依法行政，让公民看到法律被践行、被遵守、被敬畏，而不是被践踏、被破坏、被蹂躏！否则法治就是一个梦。

法治的关键是严格执法！官员一旦违法，严惩不贷，所有问题将迎刃而解。问题是谁来执法，这涉及政治体制改革的深层问题。你不会天真地相信官员违法是因为不懂法吧？

依法行政是依法治国的首要之举。

谁来告诉官员法治是什么？

2014年10月25日

当代中国应树立法的信仰

十八届四中全会《中共中央关于全面推进依法治国若干重大问题的决定》中提出，法律的权威源自人民的内心拥护和真诚信仰。法的信仰问题由此正式出现在党的文件中！读到这句话，个人觉得稍微有些激动，因为8年前我的博士论文题目就是“法的信仰”。在28万字的论文中，我详细探讨了法的信仰的内涵，法的信仰的发生机制、制度机制、文化机制与功能机制，法的信仰的历史定位。在论文中，我认为，与市场经济时代相适应的基础性信仰形式只能是法的信仰，法治共识是现代社会的底线性价值共识！现在来看，这篇论文有些地方写得较为粗陋，个别部分与整体逻辑不完全相契，有的观点论证也不是十分严谨，但正是它把我带进了政治哲学研究领域，现实问题研究领域，直到今天我还没有摆脱相关问题域与某些思维方式，可见博士论文对一个人学术影响之深！自那时，我也形成一点认识：人文学科的研究必须要把握事物的发展逻辑，要尽可能具有前瞻性。直到今天，我依然认为做学问应该如此！

2014年9月29日

如何认识“阶级斗争没有熄灭论”

如何认识王伟光院长的“阶级斗争没有熄灭论”？近期中国社科院院长王伟光重提阶级斗争的观点，在国内理论界引起轩然大波。赞成者有之，反对者更有之！究竟如何认识王伟光院长的这一观点？我个人认为，他这一观点的提出有其特定针对性，但用了一种并不合适的分析框架！根据近期的各种报道仔细分析，他所提的阶级斗争主要针对的是国外敌对势力对我国的渗透与颠覆活动及其与国内相关势力的勾结而言。就此来说，他的所指不无道理！在当前改革的攻坚阶段与困难时期，在中国崛起的关键时刻，确实，国内外敌对势力嚣张。王伟光先生作为中国社会科学院院长，作为意识形态领域熟悉情况者，有所批判自然有其合理性。但是，他在分析问题时用了一种并不合适的理论框架，那就是马克思主义的阶级斗争理论，这是引起争议的根本原因。其实，他完全可以就事论事，没有必要动不动就上升到阶级斗争的层面。国际敌对势力的渗透并非简单化的阶级斗争框架能够含括，也不是什么社会主义与资本主义、资产阶级与无产阶级之间的斗争能够解释的。他之所以动辄搬用传统理论框架，一是可能这样做比较保险，二是也反映了中国人文知识分子喜欢引经据典、寻找合法性依据的学术习惯。看看王伟光先生的著作，观点多是局限在传统马克思主义的框架中。此外，他用阶级斗争的框架不仅解释不了当前的实际敌对情况，更很难解释当前国内的经济社会发展状况。因为当前中国复杂的现实不是简单的阶级分析框架可以含括的。各种争论也主要是针对于此。一句话来总结，王伟光的观点就针对性而言不能说完全没有道理，他的失误在于选择了一个并不完全合适的分析框架，这一框架既不十分适合于分析敌对情况，也不十分适合于分析国内情况。所以，对他的观点需要全面分析与辩证思考。

当前存不存在阶级斗争？如何认识阶级斗争？如何解决阶级斗争的问题？存在，这是党代会报告多次提及的，这是我们党的判断，现实中非公有制的存在，存在劳资对立，这是客观现实。但是资本不仅带来对劳动者的剥削，也给劳动者带来好处，而且利大于弊，这是辩证的，同时，要将阶级斗争与阶级斗争为纲相区分，当下中国不能用暴力、运动式的方式来解决阶级斗争问题，需要通过法治、谈判、调解，用理性的方式来解决。

我倒觉得正视阶级斗争问题也有其合理性，邓小平同志也承认阶级斗争在社会主义初级阶段的一定范围内是长期存在的。即使不考虑国外资本主义和平演变的情况，仅是国内在利益分化中所形成的阶级冲突也是客观存在的。现在这种冲突在意识形态领域也很激烈，甚至会影响国家的发展方向。对此应高度警惕！

围绕该文的争论，网上可谓“左冲右突”。左者，欢欣鼓舞；右者，深恶痛斥。但总而言之，左右文风均是“文革”做派，帽子满天飞，目的更是各自不纯。正经做学问者对此理论事件开始是审慎，继之是失语，最后是不屑了！

2014 年 9 月 14 日

做学问要从细处着手

当前中国学术界做学问有一大弊端，那就是研究的问题太宏观，研究的方式太粗陋，只是就宏大问题做抽象研究，谈原则、谈规律、谈经验、谈应该、谈方法，回顾过去展望未来，好像经天纬地具实空空洞洞，为政策做貌似学术研究实则拙劣的论证与辩护。这种研究状况对国家发展没有助益，对学术实际并不尊重，对个人来说或者是浪费生命或者是投机取巧。研究者可能很有影响或著作等身，但实际上一地鸡毛。任何学术不从具体问题研究起，必然是空的。以具体问题切入，了解具体的逻辑，然后步步拓展，方能窥得全局之规律与逻辑。从这个意义上讲，欲从事宏大理论研究，必须先成某一具体领域之专家。如此，对政策的诠释才有力度，并且研究才会有预见性。这对于中国的人文学科尤其重要。反思当前之状况，也顺便反思自身，做学问很重要的一点就是首先要知道怎么做才是对的！

人文社科领域好像没有系统的研究方法之类的训练，以法学为例，课程中就没有法学研究方法。不知其他专业如何？

见过方法论的书，但都太笼统，并无多大价值！做学问，研究的问题与对象本身决定研究的方法。按照问题与对象的性质与特点把握规律与逻辑就是根本的方法。

哲学和具体科学之间的关系到底如何处理？对同一个问题，不同学科关注问题的方式自然不一样。很多人认为搞哲学的是做学问，但马克思主义理论不是，我想马克思主义理论虚火实水的原因不仅有关注宏观的原因，也有不是恰当关注，而是假关注，空关注，远离日常生活经验的关注。说了很多又假又空的话。

2014年9月9日
警惕改革中的“移情现象”

当前中国改革中存在这样一种现象：由于对中国当下不满而美化改革以前甚至民国时期，由于对中国不满而美化西方。这种由于对一方不满而将感情完全寄托于另一方的现象，我一时找不出更合适的称呼，姑且称之为改革中的“移情现象”！当然，这样讲不是说改革以前就一无是处，西方就没有伟大文明，但移情现象不止于此。实际上，移情现象体现了一种非黑即白的极化思维，过分贬低一方抬高另一方，虚无一方理想化另一方，缺乏辩证的历史的观点！这样移情现象民间大量存在，连知识分子中也不乏其人，需警惕！

2014年8月29日
治学心需静

现在感觉，自己看书往往功利性太强，为了课题，为了文章，为了编书，借书买书匆匆翻阅。此乃研究大忌也！不过我估计很多人和我差不多。环境氛围使然？以后要继续发扬学生时的优良传统，尽量少受外物之累，少受名利之诱，静心安神，踏踏实实，步步实在，努力向自由之学术境界迈进。避免退休后一地鸡毛，甚至突破不了常识水平。共勉吧！

其言甚是，其行甚难！

我觉得人活着活着就浮躁了，能静下心来是个本事！

创造一种愉悦的读书氛围很重要。

是啊，读书本来是人的自由的一种体现，现在异化了！

2014 年 8 月 14 日

中国的贪官心理学

个人觉得，出问题的很多官员都有心理疾患，人性各种恶的欲望过度，不受正常控制，在一定程度上都是精神病患者。官员特别是贪官心理学很值得研究，可是马克思和弗洛伊德都没有研究过！马克思只想无产阶级与党的先进性，弗洛伊德主要关注性心理。今天中国的哲学人文学科包括党建、哲学、马列、科社、政治学等等都可以对此进行研究，特别是思想政治教育更可以对口研究。今天中国的腐败问题实在提供了难得的研究机遇，机会难得啊。如果在这个领域有成就，那也是中国哲学社会科学话语体系创新的一个重大成果。如果我将来失业了，我就去做官员心理咨询，混口饭吃。这个职业是有潜力的新型产业啊！

这个职业有前景啊！

你没有提法学，法学家称之为犯罪心理学！

想到了，忘了写。犯罪心理学面较窄，和官员心理学、贪官心理学不完全一样。

利字当头，在没有监督的情况下，一些普通的公职人员，即便没有一官半职，也会利用手中的那点权力谋取私利。问题不在于贪欲，而在于利欲熏心的那些人怎么一步步到了大权在握的领导岗位。

现在就可以研究研究啊，先造势，说不定可以列入干部培训课程呢！

贪官心理要研究。但想当官的心理更要研究。许多人，孜孜以求，目的为何？估计许多人当官的目的就是当贪官。否则谁还会受苦受累去当官？

我总是感觉到，“贪”仿佛成了现代人的一种病，好多人都在无节制地囤积一些自己根本用不上的物品，理性外壳下掩藏的是极端的不理性。

肆

社会微评

社会微评

2016年10月3日

暗影生异彩

最近越来越喜欢寂寞的独处，不太喜欢喧嚣和热闹。离开喧嚣的嘈杂，在静静的独处中，可以有距离地观察社会的形形色色，可以冷静地思考自己一生到底需要什么，可以向内反思自己的不足与过失，可以尽可能保持一种淡然的心态。寂寞的独处可以在熙熙攘攘的人世生活间开出自己心灵的一片天地，直达心灵深处。在这片自己做主的自由领地中，思维可以尽情驰骋，问题可以随意反思，情绪可以自然流露，是非可以自己主张。独处也是人生一道必需的风景！

2016年7月27日

发展与公正的内在统一

对于中国改革来说，方向问题始终是一个至关重要的问题。所谓方向，既包括改革所应实现的价值理念，也包括实现价值理念所应采取的路径方法。这两个方面，一个是应实现什么，一个是应如何实现；一个是价值性目标，一个是工具性手段，两者内在联系，共同展示出改革方向的较为完整内涵。党的十八大以来，改革发展处在新的历史起点上，改革必须全面深化，发展方式必须转型，改革发展必须整体性转型升级。新的阶段特征，新的发展形势，新的目标任务，要求我们必须对改革方向问题进行更为深入审慎的思考。习近平总书记在中央全面深化改革领导小组第二十三次会议上发表重要讲话指出，改革“既要往有利于增添发展新动力方向前进，也要往有利于维护社会公平正义方向前进”。这一重要论述为十八大以来首次明确提出改革的两大方向，内涵深刻，意义重大，需要深入学习领会。

习近平总书记对于改革方向的这一论述具有极强的问题指向性，其实际针对的是我们过去改革发展中所出现的路向偏差问题。改革开放以来，我们党明确了中国处于社会主义初级阶段的历史方位，作出了以经济建设为中心、大力发展社会生产力的战略决策。但在过去较长一段时间内，“以经济建设为中心”在实践中似乎变成了“以经济建设为全部”，GDP 崇拜与增长主义思维流行。对于有过惨痛教训的国人来说，对于急于摆脱落后状况而欲奋起直追的发展中国家而言，对经济增长速度与数量的过度重视虽然可以理解，但不能不看到，单纯的“拜物教”与庸俗的“唯物主义”在促进经济增长的同时，不仅逐步暴露出这种粗放式发展方式本身不可持续的问题，也引发了较为严重的社会公平正义问题。

一方面，在增长主义思维的驱动下，按照效率优先、尽快做大蛋糕的政策导向，公共权力更有积极性通过直接干预经济、通过自然资源与资金的大量投入、通过尽可能压低劳动力价格的方式来达到短期内经济迅速增长的亮丽效果。由于政策强调的是蛋糕做大的结果取向，所以自然资源与资金使用的低效率及其他后果，比如污染等并不是政府所关注的核心问题。由于大量资金与自然资源的投入具有迅速拉动经济增长的即期效应，所以政府对于在短期内不仅难以取用，反而需要不断投入资金与精力的人力资源，特别是人才资源培养及自主创新能力提高往往缺乏足够的兴趣。尽管长期来看，不论是人力资源培养还是自主创新能力提高，都是经济可持续发展与国际竞争力提升的关键。就此而言，以往过分强调做大蛋糕的发展方式，在一定程度上具有排斥各种促进经济发展可持续因素的特点。在经济持续高速增长30多年以后，我国劳动力过度供给的状况开始改变，劳动力价格开始上涨，同时土地价格也不断上升，而经济发展中高投入、高消耗、高污染、低效益这“三高一低”的问题也愈益明显，达到经济发展可承受的临界点。在这种情况下，效率优先、做大蛋糕式的传统要素驱动的粗放式发展方式已经不可持续，亟待转变。

另一方面，传统改革模式与发展方式还导致社会公正问题的凸显。邓小平同志在改革之初曾经作出让一部分人先富起来、先富带动后富、最终实现共同富裕的顶层设计，但改革的实然逻辑与预设的应然逻辑之间并不完全相符。改革进程中，通过各种合法与不合法途径先富起来的一部分人并没有有效地带动另一部分人实现共富。改革成本与改革代价分担不尽合理，改革成果与发展实惠分享不尽公正，最终造成贫富差距的悬殊与社会结构的失衡。这样一种改革发展状况不能不使我们对传统的改革模式与发展模式产生质疑：为什么好不容易经济发展了，民生问题却突出了？为什么GDP增速不算太低，社会的矛盾与冲突却越来越多？为什么财富总量上去了，社会公正却愈益成为一个问题？现实的教训迫使我们不得不深入思考传统改革模式与发展方式之弊。如果我们的改革发展最终导致过大的贫富差距与社会公正的显性缺失，改革发展的正当性与社会主义性质就会受到不断的质疑。

正是由于过去的改革发展在实际中存在以上路向偏差，导致持续发展的动力严重不足以及社会公正问题日益凸显。因此，在改革发展的关键阶段，重思改革方向并作出科学指引就显得尤为必要。“既要往有利于增添发展新动力方向前进，也要往有利于维护社会公平正义方向前进”，习近平总书记的这一论述表明，今天的改革要实现发展动力转换与改革公平取向的有机统一：发展由于增添新的动力而可持续，社会由于公平正义得到维护而和谐稳定，概言之，实现公平正义可持续发展。

对今天的改革来说，实现公平正义可持续发展何以可能呢？这就需要自觉树立并切实贯彻以人民为中心的发展思想。

一方面，今天中国经济社会发展正处于动力转换的关键时刻，传统要素驱动、投资规模驱动的粗放式发展方式已不可持续，实施依赖于人的创新驱动战略成为必然。所谓创新驱动，其实质就是尊重劳动、尊重知识、尊重人才、尊重创造，注重依靠人、解放人与开发人，充分释放人的创新激情、活力与能力。只有如此，科技的进步才有可能，大众创业、万众创新才能成为现实。这种经济发展支撑力量的转换，是市场经济发展的内在要求。特别是，随着市场经济推进到知识经济时代，人力资源特别是人才资源日益成为经济社会发展的第一资源，个人能力的充分发展将成为最大的生产力，正如有研究者指出的，“21 世纪是知识经济时代，是知识社会。这样的社会本质上要求确立能力本位的价值观……知识经济时代是真正以人为本的时代，进一步说，它是以人的知识和能力为本的时代。因为无形的知识、智能和用知识、智慧武装起来的持久创新能力将成为知识经济的灵魂；对知识的生产以及学习和使用（消费），即把知识转化为技能，靠的是人的创新能力，这种能力使知识得以运用和发挥作用，同时知识又使能力得到进一步引申”。[①] 在这个意义上，只有以人民为中心推进发展，切实尊重人民主体地位，保障民众各方面的自由权利特别是经济自由权利，培育利用好人力资源特别是人才资源，中国经济社会发展才能实现可持续，经济发展才会增添新的动力与活力，发展方式转变才有可能。

另一方面，中国改革的社会主义性质与当前社会公正问题的存在，都要求改革发展要往有利于维护社会公平正义方向前进。以往的经验教训使我们深刻认识到，经济的增长虽然与人自身的发展相关，但并不等于人的发展的本身与全部，在此之外，人自身的发展还有更为广泛的内涵；蛋糕做大也并不意味着分配的正义与利益的合理共享，蛋糕做大的同时还必须公平地对待所有社会成员，因为共享是中国特色社会主义的本质要求。我们应从人民群众的切身利益出发谋发展、促发展，把是否给人民群众带来实实在在的获得感作为改革成效的一项重要评价标准。从这个意义来说，经济发展不是目的本身，甚至公平正义也不是发展的目的本身，发展的目的就是要在经济持续发展与社会公正相统一的基础上推进实现大众的自由、权利与幸福，构建一个全体人民各尽其能、各得其所而又和谐相处的社会主义社会，并最终实现人的自由全面发展，就像恩格斯在

① 韩庆祥：《能力本位》，中国发展出版社 1999 年版，第 59 页。

《共产主义原理》中所指出的那样，“结束牺牲一些人的利益来满足另一些人的需要的状况”，使“所有人共同享受大家创造出来的福利”“使社会全体成员的才能得到全面的发展”。[1]

在第十二届全国人民代表大会第一次会议上，习近平总书记明确指出：“我们要随时随刻倾听人民呼声、回应人民期待，保证人民平等参与、平等发展权利，维护社会公平正义，在学有所教、劳有所得、病有所医、老有所养、住有所居上持续取得新进展，不断实现好、维护好、发展好最广大人民根本利益，使发展成果更多更公平惠及全体人民，在经济社会不断发展的基础上，朝着共同富裕方向稳步前进。”社会公正问题的切实有效解决，有利于体现社会主义的本质与优越性，有利于构建良好的阶层关系与群体关系，保障社会的和谐稳定。进而言之，以权利公平、机会公平与规则公平为主要内容的社会公平保障体系的建立，不仅会为全体社会成员生存问题的解决，而且会为全体社会成员能力的发展、素质的提升提供必要的条件和基础，从而为社会的持续发展提供有效的内在动力。从这个意义来说，“为了人”的改革发展也就是“依靠人”的改革发展，“为了人”和“依靠人”实现了内在统一，发展与公正也就实现了内在统一。

综上所述，习近平总书记所要求的改革“既要往有利于增添发展新动力方向前进，也要往有利于维护社会公平正义方向前进”，实际上是对新的历史起点上中国改革发展方向的科学审视和反思。其中的“既要”“也要”，实质上就是要追求实现

① 《马克思恩格斯文集》第1卷，人民出版社2009年版，第689页。

一种体现公平正义的可持续发展，而实现这样一种体现公平正义的可持续发展，则要求我们关注人本身，深刻理解与自觉践行以人民为中心的发展思想，尊重人民主体地位，保障公民各项权利，努力做到“依靠人”与“为了人”的有机统一。

2016年7月5日

警惕当前改革中的“发泄性”利益事件[①]

所谓“发泄性”是指行为人与被侵害对象并无任何个人的利益矛盾和利害冲突，而仅仅为了发泄不满的情绪而将他人作为对象予以侵害的一种现象。就像某篇报道中有个护工与被害的八位老人一样，双方没有任何个人恩怨与利益冲突，仅仅是护工要发泄其不满与压抑。这类事件这几年已经大量发生，比如有些地方发生的闯进幼儿园砍伤孩子的现象等。

这些现象的发生都不是偶然的、孤立的，根本原因在于社会结构与分配结构不合理、资源配置不公平，一些弱势群体长期在社会中处于不利地位，自身及后代无法有效向上流动，看不到光明希望，有一些人就会心理失衡，更甚者心理扭曲，有可能就会大规模报复社会。从这个意义上说，这类问题是结构性问题。大的分配结构不调整，社会结构不规范，社会公平问题长期凸显，这类问题即使解决一个，又会出现另外一个。

---

① 本条微信是看了《南方周末》文章《民办养老院六旬护工因被欠薪 拿砖砸老人已致8死》有感而写。

如果这些失望甚至绝望的心理扭曲的社会底层无法对抗强者，他就要找一些比他更弱的群体来发泄不满。这实际上是社会普通民众乃至于弱势群体之间的自我伤害！这种弱势群体之间、弱势群体与普通民众之间乃至普通民众之间发泄性的伤害模式，需要警惕与深入反思！因为我们每一个人都可能在毫无意识的情况下成为被侵害的对象！

2016年5月2日
“魏则西事件”表明什么？

这两天热议的魏则西事件表明了三点：第一，中国的某些先富者在先富以后就成为了既得利益者，不论是百度的资方，还是所谓的莆田系，都是如此。他们为资本的利益不择手段，甚至通过各种方式从普通民众与弱势群体中掠夺与转移社会财富，靠他们是无法有效带动后富从而实现共同富裕的。对这一事实认识要清醒。第二，社会的各种负面情绪正是在这样的一个个个案中不断积累的。老百姓认为政府无能、资本无德，个案的不断积累形成这样一种长期的广泛的情绪定势。然后大众很容易用这样一种情绪定势观察和分析问题，把政府和资本的形象脸谱化、反面化。这种情绪定势代表了一种普遍的集体愤怒，而这种普遍的集体愤怒反映了当代中国深深的社会鸿沟与裂痕。第三，政府还没有学会有效地驾驭与规范资本，社会主义与市场经济的结合仍然有待探索和深化。社会主义从理论上讲应该保障广大民众的利益，而市场经济遵循的是资本的逻辑。这两者如何有效结合仍然需要进一步的研究与探索。实际上，在社会主义市场经济领域还有很多问题都有待进一步解决。

2015年12月9日
“二胎”不能仅限于放开

为啥放开二胎了，很多人还是只要一个“共产主义接班人”？十八届五中全会的说明中指出，自父母一方为独生子女可以生育二胎的政策放开以来，全国符合政策的共1100多万对，但提出申请的只有15.4%。在高龄少子情况日益严重的情况下，不得已，现在五中全会很快提出全面放开二胎。但即使全面放开二胎，生育率也没有大幅提高。据最新报道，全面放开二胎后，全国符合条件有生育意愿的也不超过30%。在这种情况下，我觉得，生几个完全放开也没关系，因为连二胎都不愿生，谁还想生多胎呢！之所以出现这种情况，并不像流行认识的那样，是少生优生成为主流观念，实际上，优生是主流观念，少生则未必，大家不是不想生，很多人是由于各种条件限制不敢生。既然如此，为了缓解人口危机，为了中华民族的永续发展，就不能仅仅限于放开限制，而应有实质性的鼓励措施：比如大幅度延长产假，对生育者提供生育补贴、奶粉金等。更加积极的人口政策恐怕是将来的大势所趋！未来的生育口号将会是：多生优生，幸福一生；生出来，养起来，坚决不能打下来；多生优生是对中国特色社会主义的巨大贡献；向培养更多共产主义接班人的女性致敬；多生优生是党员党性的必然要求！

2015 年 11 月 20 日

基层自治的困境

当前基层自治的困境实际上有两大原因。一是经济的，在GDP、财政收入和政绩观的驱动下，从农村汲取资源成为一个不争的事实。在这种情况下，村级组织成了上级政府完成任务的工具和助手，村民对于集体资源的自治是不可能的。而村民自治的实质就是资源利益的自治共享。二是政治的，在当前下管一级的层层选拔体制下，基层政权首先要对上负责而不是对下负责。在这种情况下，基层官员是无法真正关注百姓需求，推进基层自治、参与基层自治、扎根基层自治的。要使基层官员真正向下看，关注下面的利益需求，推进基层成员的自治、参与、协商，就需要确立起他们对下负责的体制机制。在当前县乡基层官员尚未由民众选举赋权的情况下，村民自治缺乏有利的政治环境与客观条件。就此而言，放开县乡两级的选举非常必要。当然，这种放开可以先从乡一级开始，可以先从坐实同级人大的选举权开始。以上两个方面，经济的与政治的，都属于村民自治的宏观环境。这两者不改变，村民自治的改革缺乏前提性的大条件。

没有县乡选举作为支持，村民自治选举无法有效化。

教授的分析很符合基层实际，但我觉得县乡选举时日甚远。

2015年9月28日

民主、民生与民粹

随着中国改革进入攻坚阶段，特别是随着社会利益的多元化与利益矛盾的凸显，社会的民粹倾向日益明显。中国社会的民粹倾向并没有自己系统的理论主张与有组织的活动建制，更多是对社会转型过程中各种尖锐矛盾与问题所产生的自发的应激性情绪反应与纷杂的意见表达。这一倾向高度关注社会弱势群体或弱势化群体的利益诉求，在很大程度上采取一种富与穷、精英与平民、资本与劳动、权力与百姓、强势与弱势两极对立的态度来看待问题与现象。在社会的矛盾与冲突中，凡是穷人、平民、劳动者、百姓、弱势者，一律被视为受到不公平对待的权益受损者，他们的呼声、诉求、意见往往一律被视为具有天然的正当性；凡是富人、精英、资本、权力、强势者，都被看作行为不义应受批判者，总是与恶相联系。

今天中国的民粹倾向是中国社会剧烈变动与急剧转型的产物，是社会发展问题的表征。社会的急剧转型导致社会财富配置在各阶层与群体间严重失衡。缺乏有效制约的权力、资本，强势群体在很多情况下谋取私利无所顾忌，民众没有有效的参与渠道与博弈手段来维护自身的正当利益。以上问题日积月累，长期得不到有效解决。在这种情况下，社会开始发生断裂，不仅社会底层与弱势化群体对于公共权力的信任度降低，社会各阶层与群体之间的距离也逐步拉开。在资源占有方面处于劣势，在制度参与方面缺乏途径的一部分群体开始用一种激进的、情绪化的态度来看待中国改革中出现的分化与冲突问题。他们有着自己的生活理想与未来希望，但现实中他们不是自身利益受损，就是了解到大量社会阴暗面。失望甚至绝望之余，这种巨大落差的长期存在使得他们惯以一种冷漠、对立甚至仇视的眼光脸谱化强势者，以一种零和博弈、绝对对立的思维方式观察与解决问题。由于一部分强势者诸多获利既不合理又不合法，社会公平正义难以得到普遍有效保障，社会的民粹力量就往往视自身为道德与正义的体现者与维护者，而这种价值认定又会强化他们既有的态度与思维、行为方式。这种严重的不满情绪，这种两极化的思维方式，这种非此即彼的行为态度，使得民粹倾向很难保持冷静自制。理性、客观的分析往往让位于非理性的宣泄、破坏性的冲动与不明真相的攻击批判。

伴随着社会矛盾冲突的普遍化与长期化，中国社会的民粹倾向在不断积聚、发展与蔓延，而其对中国社会发展的破坏性一面也逐渐显现出来。比如，在当前大量的"无直接利益冲突"事件中，任何一个成为焦点的事件似乎都可以点燃那种普遍化、发泄式、破坏性的民粹情绪。当非理性的极端化情绪传播并弥漫于一个聚集起来的民粹化群体时，正如法国社会学家勒庞所指出的，那种正常的规则约束机制在群体的狂热中就会失去效力。"孤立的个人很清楚，在孤身一人时，他不能焚烧宫殿或洗劫商店，即使受到这样做的诱惑，他也很容易抵制这种诱惑。但是在成为群体的一员时，他就会意识到人数赋予他的力量，这足以让他生出杀人劫掠的念头，并且会立刻屈从于这种诱惑。"[1] 由于这种倾向与情绪可以附着于任何一个偶然事件，

---

① [法]古斯塔夫·勒庞:《乌合之众——大众心理研究》，中央编译出版社2004年版，第23页。

所以防不胜防。

民粹倾向的存在与蔓延对于一个社会的稳定、和谐与进步来说是极其不利的，因为任何一个社会都不可能长期在民众与权力之间以及民众相互之间不断形成的对立、断裂、不信任与敌对中健康发展，都不可能在这样一种非理性的、情绪化的状况下正常运转。正因为如此，对于不断发展的民粹倾向必须对症下药，予以消解。而民生与民主就是民粹的化解之道。

一方面，当代中国，民粹的发生很大程度上源于社会大众特别是弱势和弱势化群体的正当利益受到侵害，整个社会资源配置显失公平，改革成果没有实现切实共享，民生建设没有及时跟上。所谓内需不足问题，所谓财富分配不合理问题，所谓住房、教育、医疗等投入不足问题，落实到民众的生活中就是他们的生活与发展问题，就是重于天的民生问题。大众不仅忧于 CPI 的不断上涨而无可奈何，而且由于在社会资源占有中处于不利境地，对自身的发展前景往往也无法抱有稳定的积极乐观态度。而面对不时见诸媒体的有权者与有钱者的骄奢淫逸，利益意识与权利观念均已唤起的民众又必然会体验到强烈的不公平感。这种对自身生活现状的不满，对未来发展的相对晦暗心态，对社会不平的强烈感受，必然导致一种消极的、批判性的、情绪化的社会心理，这种心理不断郁积、滋生、壮大，民粹倾向就有了发育的温床。实际上，对于民粹倾向及其弊害，最近一段时间以来，我们党高度重视、反复强调，努力推进民生建设，并提出了使全体人民“学有所教、劳有所得、病有所医、老有所养、住有所居”的价值目标。“天下之大，民生为最”。切实解决好民众最关心、最直接、最现实的利益问题，为民众有尊严的生活提供保障，推进其发展，使个人可以依靠自己的努力过上应得的幸福生活，是建设服务型政府的必然要求，也是化解民粹的基础。

另一方面，即使现实中民众利益受损，社会不公现象存在，如果社会的民主制度比较健全，利益表达、博弈机制比较完善，广大民众的利益诉求能够在体制内得到较好解决，也不会转化为体制外甚至反体制的民粹主张。在这个意义上，民粹情绪的形成、发酵与广泛存在与民众自身权益受到侵害而又无法进行有效的利益表达与维护有关，与既有体制的封闭与排斥有很大关系，可以说是吁求民主而未得的结果。而这种封闭与排斥只能导致喧嚣混乱的民粹式的“大民主”乱象。基于此，要想从根本上化解民粹，就必须切实尊重民意，通过进一步加强民主政治建设让民众的意愿与声音进入体制之内，使其利益能够得到有效的制度化维护与救济。这种体制内的切实纳入有利于改变民粹力量对于整个体制、整体社会秩序以及强势群体的冷漠、对立、反感、敌视情绪，有利于逐渐培养乃至强化他们对于整个体制与社会秩序的认同感与“我们”感，有利于改变他们那种两极对立、零和博弈的思维方式，逐步确立对话协商、沟通博弈、规则至上、互利共赢的现代政治理念特别是非零和博弈的意识。随着民主体制与机制的健全完善，大众与精英之间更有可能形成良性的互动，强势者的专横跋扈、肆意与傲慢，弱势者的反感抵触、偏激与冲动，在这种良性的互动中可能会渐趋消弭，尽管可能不会最终消失。这种良性互动规则的形成使得社会成员对于自身利益获取的方式与可能性能够形成稳定预期，对于整个社会的长治久安意义重大。当然，没有尽善尽美的民主，即使一种健全的民主体制也不可能完全满足各方的理想与意愿，更何况现实的民主总是充满利益的计较与资源的博弈，社会公平难以完全保障与彻底实现，不满者、失意者、弱势者总会存在，民粹萌生的可能性不会完全消除。就此而言，有民主未必无民粹，但民主可以抑制民粹的发展，尤其在转型与变革社会，无民主肯定会民粹泛滥。进而言之，广泛的体制内纳入不仅能够相对有效地消弭社会的不满与暴戾，弱化民粹情绪，而且引入体制内的民众力量也可以成为政治发展与社会进步的强大推动力量。仅仅依靠公共权力往往难以推行针对自身的强力改革，而民众力量的引入恰恰可以为改革的进一步推进提供强大的动力。

对于民粹倾向的化解来说，民生与民主两者相互作用、相互推动，都极为重要、不可或缺。如果没有民主的积极推进，单纯的民生有可能变质为由上到下施与的恩惠，既无法保证持久，也无法保证民众的有效认同；如果没有民生的切实改善，单纯的民主难免沦为形式化的规则游戏，或者被操控利用，或者民众冷漠拒斥。在改善民生中推进民主，在推进民主中改善民生，在民生改善与民主推进中化解民粹，是中国社会发展的应然逻辑。

还应有民众理性。

化解民粹，基础是改善民生，关键是推进民主。

2015年9月20日

理解当前中国社会必须考虑的三个因素

我越来越认识到，分析和理解当前中国社会的各种现象与问题，必须考虑以下三个因素：一是作为发展中国家的中国还处在现代化的进程之中，经济发展与赶超的任务艰巨。在这种情况下，以经济建设为中心的思路贯穿、制约着各个方面。这种思路在很长一段时间尽管具有必要性，但如果太过绝对并且不能适时调整，很有可能成为其他方面现代化的制约性因素，特别是在这种思路硬化为政府考核绩效的背景下！二是作为核心的党的领导。党的领导几乎渗透在整个中国的一切领域！仔细分析可以看到，相当多现象的背后都千丝万缕地涉及党的领导。对人文社会科学而言，在当代中国，脱离执政党分析问题是不得要领的。三是对外开放条件下中国对世界越来越深入与全面的融入，分析中国问题不能忽视全球化的背景。在以上三个方面中，中国现代化进程是时间维度，全球化背景是空间维度，党的领导是渗透于各领域的主导力量维度。对我认识问题来说，这种认识框架很重要！

2015年9月19日

村民自治困境的根本原因

中国的村民自治整体而言陷入困境是毋庸置疑的：黑社会

渗透、家族势力、贿选、村班子的腐败等等！导致困境的原因很多，尽管宪法中将之称为基本政治制度，但根本原因在于没有把村民自治放在重要的位置予以对待。当党和政府将精力主要放在经济绩效上时，当一切都服务于经济发展时，在村民自治方面是不可能投入足够精力与关注的。对党和政府特别是基层干部来说，只要经济发展的目标能完成、财政收入有保障、稳定不出大问题，谁还有足够的时间与精力来关注村民自治呢？不管村里的实际状况如何，只要上述方面的任务能完成就行。当然，多年来中央一号文件都是关于“三农”的，但只要党和政府的经济偏好不变，以经济建设为中心条件下对地方党委政府的考核压力不变，任何对“三农”的强调都会效果受限！一句话，在当代中国，做好一切事情的关键在党，只要执政党重视，还没有什么干不了的。在这个意义上，反思基层自治之弊，根本原因就在于党和政府没有给予足够的重视。实际上，只要执政党真的想推进自治并高度重视了，基层自治问题的解决会比现在好很多。在此意义上，在以经济建设为中心的思路所催生的现行发展方式转变前，在执政党把村民自治作为基本政治制度真正重视前，村民自治的问题不可能得到更有效的解决。在当代中国，离开执政党的发展理念来分析村民自治问题是不得要领的。其他的具体解决措施是术，执政者的真正重视才是根本前提。这是我今天在参加中国社科院政治学所会议上谈得一些研究感想，是我的真实想法。

不敢放，特矛盾。

贫困地区村干部一个月工资 300 元，资金还落实不了，谁管呢？这是最弱的一级政权，随着城市化，很多农村还在消亡。

找到症结，尚需实现途径，也就是如何重视？教授要开药方噢！

如果城市化、城镇化得到极大推进，村民自治这些问题会不会就自然而然地消解掉了？

我把这一段话转发在了我带的干部选学班群里了，同学们有反馈，分别如下：（1）国内农村基层民主实现形式和结果，与国外一些国情相似的国家具有很强的共性。问题研究预见性很重要。（2）“三农”问题实际上是医愚、扶贫、服务、引领、管教的问题。票决不适合于当今之农村自治与发展。

当然不能把村民自治仅仅限于投票，另外还有民主决策、民主管理、民主监督。自治也并不意味着完全不需要党和政府的领导和各方面的投入与支持。近年来，国家对“三农”的投入也很大。我所表达的意思是在面临经济绩效考核、财政收入压力、维稳压力的情况下，这种投入受到很大程度的抵消。党和政府既把“三农”作为实现其他政策目标的手段，同时也强调关注、解决“三农”问题，这说明党和政府的实际政策目标之间存在不一致。有效的自治需要一个致力于此的服务型政府作为前提，而当前政府总体来说却还是经济建设型的。在经济追赶的阶段结束以前，在大的发展思路转变之前，在政府类型转变之前，村民自治可能会在某种程度、某些环节、某些地方有改善有亮点，但整体不会有根本改观。这可以叫历史阶段的无奈！

村民自治肯定需要公权力的支持与介入，不然无法有效解决各种明显问题。但不是为了 GDP、财政收入、维稳等这一类其他政策目标而介入！

2015 年 2 月 3 日

时间贫困与时间穷人

现代人在经济逐渐富足的同时，却在很大程度上陷入了时间贫困。世界银行在报告中提出了“时间贫困”这一概念，值得思考！没有时间做你真正想做的事，总是忙于做一些认为自己不得不做的事。每天忙忙碌碌仍然时间不够。没有时间享受、放松、发展、交往。心灵得不到休憩，自由时间成为奢侈品。马克思讲过：时间实际上是人的积极存在。它不仅是人的生命尺度，而且是人的发展的空间。整个人类的发展无非是对这种自由时间的运用。在未来的理想社会，财富的尺度决不再是劳动时间，而是可以自由支配的时间。按马克思的观点，现在没有自由时间、不能自由支配时间的人都属于时间上的穷人！哈哈，像我这样每天熬夜的人岂不是成了物质和时间的双重不太富裕者了吗？

2015年1月3日

中国社会的隐形AA制

我们一直都在AA制！近期和一些朋友谈起AA制，大多数人都觉得AA制源自西方，不太适应，还是中国的人情交往更舒服，朋友之间何必AA制呢，多生分啊。我告诉他们我的看法是：西方是AA制，中国也是AA制，不过西方是一次性的显形的AA制，中国社会是隐形的长期的AA制，今天我请你了，改天你请我，利益平等交换的实质并没有不同。在中国社会，一个只知道占便宜不肯付出的人也没有几个人带他玩儿。只要有人，就有利益交换，就会追求尽可能平等的利益交换。我们相信一个朋友值得交往，以后会帮助我，我们自然不会计较一次两次的付出。我们有这种良好的预期。人际交换的平等性决定了朋友之间AA制的必然性。即使父母子女之间也可以理解为一种长期的基于稳定预期的AA制：父母养育子女，子女孝敬父母。从这个角度可以更好地理解人作为一个经济动物的利益本性的一面。而这，已经是个深刻的关于人性的哲学问题了。大家共思之！

怎么看完有淡淡的心酸呢？

人际交往不完全如此，比如只讲付出的父母也有，重付出的朋友也有！人是复杂的，但我指出的现象无疑更为普遍，我们无须回避。

还是我国的宏观AA制让我们好接受些。若总是微观AA制，和父母也每天每次都讲究付出对待的话，委实令人寒心。

基本上指出了社会交往的利益本质。

这倒是个很有意思的话题，大家可以讨论呢。我认为，经济上的 AA 制是基于一种平等的规则，接受起来没有负担。人际上的 AA 制（如果说有的话，事实上这么分不科学）是基于一种利益的预期和交换，掺杂太多私心和欲望。所谓人际交往的平等，不是体现在利益回报和交换上，而是体现在彼此的尊重和欣赏上。朋友交往，全凭感觉和投缘；工作交往，根据工作需要。窃以为，AA 制有特定范围，不能套用在一切领域。对吗?

2014 年 9 月 10 日

北京的机会

很多留北京的朋友都讲，留北京机会多！确实，帝王之都，天子脚下，在中国这种权力集中的体制下，北京总体上的资源与机会是比其他一般城市多。但是总体的资源多并不一定意味着人人都能够分一杯羹。相反，越是这样权力、资本等各类资源高度集中的地方，资源占有的两极分化就越严重。也就是说，所谓北京的资源与机会多是针对一部分人、一部分群体的，并不是人人都得以共享。那些北漂、小商贩、清洁工、拾垃圾的又享受了北京多少资源呢？一般北京老百姓的幸福指数又能提高多少呢？我曾亲眼看到一个老人在王府井大街捡垃圾箱里的食品吃，亲耳听到很多北京出租车司机发牢骚。当然，我的很多朋友都在体制内干的不错，感觉还可以，但别忘了我们恐怕也只是北京总人口的一小部分而已。除了在北京带来的虚幻而自欺的优越感外，其实生活也并不比其他地方的人更自在。归结为一点：所谓北京机会多并不很准确，可能更多的体现了人们的一种期盼、憧憬和向往而已，相反，北京的两极分化程度倒是极为严重的！

大量资源的涓滴效应可能也会导致部分资源下漏给老百姓和底层。另外，正是因为看重了北京的人脉资源，专门以此为生的人多矣。

回归到一个问题，不能只看总量，还要看分配，资源多不代表所有人都能分到这种资源。用一句大白话来说就是再穷的地方也有富裕的人家，再富裕的地方也有穷人。

对更多人而言，留北京是由于相对于其他地方而言生活更便利，什么都能见得到，都能接触到；北京生活更有规则感，一些小城市全凭力量和关系说话，北京好很多；还有就是对大城市的心理向往。

留北京确能开阔视野，如果这也算做一种资源的话。但一个拾垃圾的有多少心情去考虑开阔视野呢？至于说北京生活便利，则要具体分析。小城市在某些方面更便利。

伍

人生微评

微评人生

2016年9月21日

红尘即是道场①

游九华山有感，赋得几句。

我向青山寻道场，道场亦在红尘中。我向青山寻隐者，隐者亦在市井中。我向青山寻仙境，仙境亦在人世中。我向青山寻出世，出世亦在入世中！

2016年6月30日

君子与小人的人格类型②

君子和小人确是不同的人格类型。但君子和小人都是马克斯·韦伯意义上的理想类型，现实中的个体往往是君子和小人的混合体。我在现实中还没有见过纯粹的君子，也没见过纯粹的小人。可能我们所要做的就是尽可能把自己人格中小人的一面消除，把君子的一面光大。《论语·学而》中云："每日三省吾身，为人谋而不忠乎？与朋友交而不信乎？传不习乎？"之所以要三省吾身，实际上就是要克制人性中小人的一面。儒家修养所追求的实际上也是一种纯粹的君子人格！

① 本条微信是作者游九华山有感而作。
② 本条微信是看了网络文章《辨别君子与小人，就看这10点，很准的》有感而写。

2016年6月7日

“奥卡姆剃刀”

“奥卡姆剃刀”是由14世纪经院哲学家奥卡姆的威廉（William of Occam，约1285年至1349年）提出。他在《箴言书注》第2卷第15题说，“切勿浪费较多东西去做用较少的东西同样可以做好的事情”，一切不必要的东西都可以像用剃刀一样剃掉。后人简称为“如无必要，勿增实体”。这确实是一个极其伟大的原理。但很多人并不理解这一点，自找麻烦，庸人自扰。天下本无事，庸人自扰之！如无必要，如果不是质的提升，生活、工作等各个方面越简单越好，不要自寻烦恼、自找麻烦。很多麻烦都是人自找的。实际上，很多人一直都在做着没有什么意义、浪费金钱、浪费精力、浪费生命、浪费时间的事情。这些事情实际上都应该用“奥卡姆剃刀”剃掉的。但现实中，这种人太多了。过多的欲望，过多的纷扰，过多的烦心事。

2016年5月26日

什么是“命运”？

什么是“命运”？人们往往把“命运”连在一起说，实际上，“命”和“运”是有差别的。从哲学上讲，“命”是一种确定的必然性。比如你出身的家庭就是你的命，这是个人无论如何努力都不能改变的。俗语讲的“有人是含着金汤匙出生的”，实际上所指的就是命。可以说，命是人无法选择的，只能客观地面对与接受。在此意义上，我们可以谈论一个人命好还是不好。但是“运”却有另外的含义。单田芳先生在评书中常说：“时也、命也、运也”，对命和运做了区分。我们经常讲的所谓“时来运转，否极泰来”，所谓“某人撞了桃花运，交了华盖运”等等所说的都不是什么确定的必然性，而是具有了很大程度的偶然性。也就是说，“运”本身意味着存在一个多种可能性的空间，而其中一种可能性的实现即为运。当然，到底哪种可能性能够实现取决于具体的时间、地点、条件等各种因素。正是在运的这个意义上，人生才是丰富多彩的，人才不是完全被动的，人才具有选择的能动性，人才愿意努力来改变自己的运。“命”意味着一种必然性，“运”意味着一种可能性。人生既具有无法改变的必然因素，也有可以改变与选择的偶然因素。两者相互交错，才构成完整的命运。如果没有可能的选择空间与各种偶然的因素，那人纯粹就是被命定的，那就陷入了宿命论。而如果忽视了必然的命的因素，那就会夸大人的主观选择的作用，陷入唯意志论。基于以上分析，我个人认为我们的命是无法改变的，但是我们可以通过努力改变自己的运，努力使自己交好运，最大程度地缓解命对自己人生发展的限制。

2016 年 4 月 25 日

知识分子的学术自觉

知识分子以读书治学为业，然读书治学并非仅限于明事求理，更需追求大的境界。而达成这种大的境界的首要前提则是要有大的格局与志趣。

古今中外诸多先贤伟人，之所以功业不朽，除艰苦卓绝之努力与聪慧过人之天赋以外，高远超越之人生格局必不可少。他们将个人之命运融于国家、民族、社会，心胸与天地同宽，生命与大我同在。有如此格局追求自然超越于世俗之外，不囿于个体之私与现实功利。读书治学亦应有这样一种学术人格的自觉和自省！如果有这样一种学术自觉和自省，就有可能达到学术心理上的高峰体验，亦即一种站在高山之巅、俯仰天下的感觉，一种纯洁而充实的生命体会，意识到自己承载的“道”与使命。实际上，这就是作为中国传统知识分子优秀基因的那种家国情怀。“士不可以不弘毅，任重而道远。仁以为己任，不亦重乎？死而后已，不亦远乎？”只有有此大格局、大追求，学术研究才有持久而内在的动力、激情与毅力，研究者才会心甘情愿地“板凳要坐十年冷”甚至更长时间。也正是通过持久的激情、毅力与苦功，大格局才实现为最终的大境界。

闲谈之间，有的朋友曾对我说，你科研成果比较多，可能比较适合搞研究。我回答说，我就是比较刻苦，无所谓适合不适合。有一次晚上十一点多，我从办公室回家，走在校园中，月朗星稀，有所感悟，在微信中写了几句打油诗：“披星戴月归，求知治学未曾悔，一书一茶一支笔，愿以寂寞寄青春。”读书治学可谓有苦有乐，苦就在于深入的学术研究几乎没有周末、假期，几乎每天熬夜，乐就在于有新收获、新激动、新超越，生活淡泊、宁静而充实。当然，按我的理解，苦功并非只是埋头读书，而是既要多学，又要善思。善思一方面是指对于问题的长期持续思考，即所谓深思。这种深入“在思考”的状态很重要，这种状态的保持更重要。只有大脑保持一种长期的思考状态，才有可能在这种状态中把问题搞清楚。我自己对于这种思考的状态很有感受，连续多日甚至更长时间的思考，一般情况下会有效地推动问题认识的深化。另一方面，善思本身就包括善于反思的意思。只有具有明确的反思意识与怀疑精神，对既有的理论与现实保持适度的观察间距，才能得出尽可能客观的认识与理解，研究结论才可能具有新意。

秉持以上治学理念，我的研究近年来主要集中在两个方面：一个是马克思主义中国化特别是中国特色社会主义理论的研究，另一个是中国改革重大问题的研究。一是理论，二是现实，理论与现实相映照。如此，既可以通过现实问题的研究加深对党的理论创新成果的理解，避免中国特色社会主义理论研究的重复化、肤浅化、政策化，又可以把现实问题放在中国特色社会主义理论体系中进行把握，突破某一具体学科的视野，从而拓展研究的广度，增强研究的整体性，尽可能打通不同的研究方面，实现现实问题研究与党的理论研究较为有效的对接。这种理论与现实相结合的研究取向也是我今后要继续坚持的。

大格局乃得大境界，在明确研究取向以后，踏实治学，努力践行一个学者的使命也是一种巨大的人生幸福。我们有幸处于一个转型与变革的伟大时代。这个时代既有属于其自身的非凡成就与光荣梦想，同样也面临着各种发展中的问题与挑战。这个时代既给我们打开了观察问题的宽广卷轴，也给了我们研究问题的持久激情与良好平台。中国在这样一个几千年未有之大变革时代，我们既要耐得住寂寞又应有所执着。耐得住寂寞使人有足够的时间独立研究与观察，而有所执着则使人能够带着信念与精神深入下去。只有在此研究方向上不断努力，砥砺前行，我们才能切实实现自己作为一个知识分子的人格追求与学术自觉！

2016 年 3 月 31 日
青年时期是人创造力的顶峰

人类历史上，凡是理论研究方面的伟大人物，大多是在 40 岁以前就奠定了成就基础：或者是已经提出了新的理论、思维或范式，或者是已经有了新理论、思维或范式的萌芽、因素或雏形。自然科学领域内的牛顿、爱因斯坦，人文学科领域内的马克思、罗尔斯皆是如此。青年与中青年时期是人一生中最活跃的时期，也是思维方式形成的时期，如果这一时期没有创新或创新不够，一生的理论研究也就只能平平了。即使伟大成就者，中年以后，或者受到已经形成的思维方式的制约，或者忙于功成名就后的应酬交往，很少有可能再有大突破者。徒叹奈何！！！

2016 年 3 月 19 日
内心充盈完满更为根本

如果一个人过分依赖于外物，希求于外物，受制于外物，就很难做到心静、无欲、自持。追求权力可笑者如中举之范进，迷恋钱财者如自古至今之巨贪。今日，范进少乎？媚上者少乎？拜金者少乎？受制于外者少乎？虽然作为社会关系的产物，人不能脱离外界，但内心充盈完满更为根本。名利即使有，亦应视为个人工作生活之副产品，不能更不必刻意求之。儒家谓之养性，佛道谓之修行，大略与此相通！

2015年3月12日
无止境的人性欲望

前几天与一老兄吃酒，酒酣之时，论及人生，老兄念了一段打油诗，听罢颇有感慨，话糙理不糙：终日奔忙只为饥，才得有食又思衣。置下绫罗身上穿，抬头却嫌房屋低。盖了高楼并大厦，床前缺少美貌妻。娇妻美妾都娶下，忽虑出门没马骑。买得高头金鞍马，马前马后少跟随。招了家人数十个，有钱没势被人欺。时来运到做知县，抱怨官小职位卑。做过尚书升阁老，朝思暮想要登基。一朝南面做天子，东征西讨打蛮夷。四海万国都降服，想和神仙下象棋。洞宾陪他把棋下，吩咐快做上天梯。上天梯子未做起，阎王发牌鬼来催。若非此人大限到，升到天上还嫌低，玉皇大帝让他做，定嫌天宫不华丽。

把人性贪婪无止境的一面描绘得淋漓尽致，实足警惕！

古人讲每日三省吾身，应也包括日日提醒自己断贪欲吧。

好诗！比艰涩的理论直观太多，堪比白居易。

2014年8月22日

适当看透人生

听单田芳先生评书有感：人生在世天天天，日月如梭年年年。富贵之家有有有，贫困之人寒寒寒。争名夺利想想想，退让三分难难难。升官发财得得得，两腿一蹬完完完！

这条微信传传传！

这比评书精彩多了！

人类之所以是高级生物，是因为人有精神追求，有构筑文明的欲望，不仅是追逐名利。

附录　执政党的决策逻辑及其调适

摘要：执政党的决策逻辑可简要概括为两个方面：一是“从群众中来”的决策形成逻辑，二是通过压力型体制的决策执行逻辑。这种带有中国特色的决策逻辑很大程度上可以解释改革开放以来执政党在治理方面的不俗成就，但其亦有一定局限性。“从群众中来”的民意代表环节具有部分的民主替代功能，但不能完全等同于健全的民主制度本身，其对社会成员个别化、差异化的利益诉求具有一种过滤与遮蔽作用。单纯的压力型体制会造成一定程度上的系统性官民疏离，内生出一种不尽平衡的发展格局，导致治理能力方面有其限度。鉴于此，执政党的决策逻辑应相应地予以合理化调适。相比于既有决策体制内部的调适，有序推进民众参与的体制机制对于执政党决策逻辑的进一步完善而言具有更为重要的意义。这也是执政党民主执政的必然要求。

关键词：决策逻辑　从群众中来　压力型体制　限度　民众参与

改革开放以来，中国的建设与发展取得了举世瞩目的伟大成就，甚至被称为“中国奇迹”。而要理解这一奇迹，首先需要理解中国共产党的治理逻辑，因为在当代中国，做好一切事情的关键在党。就此而言，深入把握中国共产党的治理逻辑是理解中国发展成就的钥匙。对于执政党的治理逻辑，可以有不同的解读视角，而决策逻辑则是治理逻辑核心性的内容之一。将决策作为一个完整过程来分析，执政党的决策逻辑可简要概括为两个基本方面：一是决策形成过程的逻辑。各级执政党的组织依据代表人民群众的理念，通过“从群众中来”的群众路线自上而下、深入实际、深入基层、深入民众了解民情、采集民意、层层整合民众诉求，并以此为基础进行决策。二是决策执行过程的逻辑。大政方针与决策一旦形成，执政党通过自上而下的压力型体制层层加压，通过各级官员之间的政绩锦标赛调动地方与部门的积极性，推动各级领导干部集中精力完成任务，实现预定目标。在这种压力型体制下，官员的升迁取决于上级所下任务与目标的完成情况，取决于与同级官员的政绩对比，强大的压力变为强大的动力驱使各级官员专注于落实上级的决策。就此而言，中央大政方针一经确定，就具有了由上到下、一通到底贯彻落实的组织保障与动力支撑。通过“从群众中来”的决策形成逻辑与通过压力型体制的决策实施逻辑构成了执政党决策逻辑的一体两面。这种带有显著中国特色的决策逻辑很大程度上可以解释中国共产党作为执政党为什么在大政方针的制定与执行方面表现相对优异，中国的发展为什么自改革开放以来如此迅速。然而必须看到，以上所论执政党决策逻辑的巨大效能只是问题之一方面，问题所具有的另一个方面恐怕亦不能忽视，那就是这种决策逻辑之弊端与局限性。可以说，改革开放以来中国发展的巨大成就很大程度上归功于这种决策逻辑，而多年来发展中出现的诸多问题实际也源于此。这说明，在思考与研究中国的复杂现实时，必须秉持一种反思与辩证的态度。对于这种决策逻辑的局限性，依照其一体两面的大致构成，以下分别从决策形成与决策执行两个方面予以分析。

一、“从群众中来”与执政党决策形成的逻辑

“一切为了群众，一切依靠群众，从群众中来，到群众中去”的群众路线是执政党的生命线、根本工作路线和根本工作方法。改革开放以来，执政党对于“从群众中来”的群众路线一直反复强调、不断重申，每逢重大决策制定，中央都会启动自上而下的不同部门、不同群体参与密集调查研究，地方层面的决策制定至少在形式上大都亦是如此。可以说，自革命战争年代至今，中国共产党对群众路线的运用极为娴熟并得心应手。深入系统的调查研究对于执政党大政方针的较为及时有效制定以及适时更新发挥了至关重要的作用。但是，“从群众中来”的民意采集与决策形成机制亦有其内在的局限性，对此应有清醒的认识。

其一，长期以来，“从群众中来”的群众路线强调发挥领导干部本身的积极性、能动性来深入基层、深入民众，实际上侧重的是领导干部的作风建设。既然如此，群众路线的贯彻执行就面临一个领导干部想不想、能不能、愿不愿的问题，领导干部个人的品行、态度与作风就起着决定性的作用。在这种情况下，如果缺乏有效的制度依托，主导性完全在领导干部一方，群众路线的运作就具有极大的偶然性与很强的随意性。即使领导干部没有有效贯彻执行群众路线，顶多是个作风问题而非原则问题与法律问题。由于缺乏强有力的民众参与机制与惩戒机制，领导干部贯彻落实群众路线的压力与动力就会成为问题。

现实中领导干部基层调研时走马观花、浮于表面、形式主义等现象大量长期存在即是证明。

其二，由于本身能力与时间的限制，由于现实情况的全面性、复杂性及其不断变化，即使领导干部态度与作风没有问题，仅仅依赖“从群众中来”的调查研究也往往难以达到对问题与情况的全面、深刻与准确把握。就此而言，虽然细致认真的调查研究能够采集大量社情民意以增强决策的科学性，群众路线在一定程度上具有部分的民主替代功能——因为民主的基本功能之一就是民众的利益表达与意见反映。但群众路线的“从群众中来”环节不能直接等同于健全完善的民主制度本身。

其三，现代社会，民众的个体性日益凸显，自主意识与权利观念愈益发达，利益诉求可谓方方面面。民众的大量利益诉求有共同的一面，但也有非常具体化、个别化的一面，越到地方与基层越是如此。但经过群众路线“从群众中来”的采集与层层整合以后，大量具体化、分殊化的民意通常只会剩下共同的、普遍的一面，用政治语言来表达，即是所谓共同利益、普遍利益、长远利益与根本利益。在这种情况下，社会成员利益之具体的、差别的一面消失了，或者说，被化约、抽象掉了。笔者在参与中央有关部门组织的地方调研时亦有这种感受，即忽略掉社会成员差别化的利益诉求而抽取出其共性的一面作为政策制定的依据。但实际上，除了共同利益、普遍利益、长远利益与根本利益外，社会成员差别化的个体利益对于其存在与发展而言亦具有重要意义，作为其个性生成与主体性发展的基础同样是不可或缺的。在这个意义上，群众路线的“从群众中来”这一民意的上升与代表环节具有一种过滤与遮蔽作用：过滤与遮蔽掉社会成员个别化、差异化的利益诉求。这一过滤与遮蔽使得社会成员利益诉求的完整性被切割，鲜活、生动、多样的利益诉求被抽象化、一般化了。这种过滤与遮蔽实际上表明了代表者与被代表者之间在代表行为上的内在冲突与不一致性：代表仅仅是代表，其和现实被代表的个体永远不能合一。这种内在的冲突与不一致性是代表行为本身所固有而难以克服的。正因为具有这种内在的冲突与不一致性，被代表者才不能仅仅依靠代表者，才有必要由自身进行利益诉求的自主表达，才需要自下而上的民主制度的健全完善。

其四，必须看到，这种“从群众中来”的自上而下的调查研究往往是由各级权力机关或上级不同部门来实施的。地方利益、部门利益的因素，杂之以调查研究者个人的利益取舍以及情感态度，使得相关调查研究有时很难切实把握与准确反映民众在某一或某些方面的利益诉求，以这种调查研究为基础的决策失误与决策跑偏、各部门之间的政策冲突就难以避免。有时，相关决策甚至根本就没有经过调查研究而直接由主要领导拍板决定。在这种情况下，就会发生代表行为的异化：代表者和被代表者的利益指向不一致，甚至很大程度上相互背离，相互冲突，代表者并无代表被代表者的主观意图，即使其本应履行这一职务赋予的职责。这种利益指向的不一致与以上分析的代表行为的过滤与遮蔽作用还有所不同。代表行为的过滤与遮蔽是代表机制自身难以克服的，是一种排除主观利益计较的客观存在。而代表者与被代表者由于利益指向不一致导致的代表行为异化并非代表行为本身所固有，但确是代表行为中较为普遍存在的，在缺乏对代表者有效监督制约的情况下更是如此。近年来中国改革进程中的大量利益冲突实际都是由于这种代表行为异化所导致的：代表者无法有效代表被代表者的利益甚至与其利益相背离与冲突。在此，再次凸显了民主制度健全完善的极端重要性。就此而言，当代中国民主制度的推进并不是人们从理念或理想出发的一种主观需求，而是改革现实的一种客观必然需要。

其五，由于中国共产党是执政党，其通过群众路线形成的大政方针与决策具有政治上的权威优先性，在这种情况下，通过其他渠道所进行的民意采集与表达就只能起辅助作用甚至形式的合法化作用。在党的大政方针通过“从群众中来”的代表环节形成与确定以后，甚至会影响到其他渠道的利益表达。比如长期以来人民代表大会制度的实际运作一定程度上就面临这一情况。随着改革推进，各级人民代表大会的作用当然在不断增强，但应看到，除民意的表达与整合外，人民代表大会在我国的政治现实中还承载着党的路线方针政策自上而下的宣传教育、贯彻落实功能。各级人大代表通过人民代表大会这一平台在学习领会了党与政府的大政方针以后，再代表党与政府，作为桥梁中介，向社会民众尤其是自己所属身份群体进行宣传普及并协助贯彻落实。在这个意义上，各级人大代表就不仅仅是公民民意的代表，同时也成为了执政党的代表。正是由于同时甚至在更大程度上作为执政党与国家的代理人，代表的一个重要代表行为就是表态，表达对于各项大政方针的赞同、拥护、支持以及积极学习、认真宣传、切实贯彻的态度。由此也就可以理解，为什么各级人民代表大会中领导干部的比例会如此高，因为这样更便于上级政令的直接领会与贯彻。也正是由于相对更重视既有大政方针的宣教贯彻而非实际的问题表达与意见交流，现行人民代表大会制度并没有给人大代表行使职权留出足够的时间、提供有效的条件，会议形式化、仪式化现象较为严重。大政方针的宣教自上而下，人民代表大会的民意表达自下而上，如果自上而下的任务过重，自下而上的民意上升就会受阻。

实际上，执政党通过“从群众中来”自上而下所采集与整合的民意，与人民代表大会自下而上采集与整合的民意很有相互碰撞的必要。如上所述，由于群众路线的执行只是一种工作方法而并非硬性的制度规定，由于执行者自身主观能动性、素质与能力的限制以及自身利益的考量，由于客观现实情况的复杂性与全面性，通过群众路线形成的有待宣传贯彻的路线、方针、政策或者只是代表社会成员的根本利益、长远利益而对各个群体阶层特别是民众个体之具体利益、现实利益把握不够，或者在某个上升环节或程序出现问题导致无法完全准确地把握民意。而不论在哪种情况下，通过群众路线所采集的民意都不能被事先主观地视同为完整真实的民意本身，都可能会与通过人民代表大会制度本应采集与表达的民意有所出入，因为后者往往可能更全面、更具体、更实在。正由于此，执政党通过群众路线所形成的各项方针政策还需要通过与人民代表大会中各种观点意见的碰撞，其科学性才会得到更大程度的保障。而一旦把通过群众路线形成的路线、方针、政策预先作为待宣传、贯彻的东西确定下来，其往往左右代表们的头脑，固化他们的意识，有意无意地抑制或淡化他们向上表达的意念与诉求。

以上五个方面集中为一点，就是必须明确，党代表人民群众进行民意采集与整合极为必要，但执政党自上而下的代表不能等同于社会成员自下而上的利益表达，“从群众中来”的群众路线也无法实现对民主功能的完全有效替代。人民群众，或者用规范的法律术语讲，公民的主体地位必须得到尊重。换言之，在执政党的代表功能与公民通过民主制度的自主表达之间，必须在探索磨合的基础上，逐步寻求达成一种规范化的关系机制。

二、压力型体制与执政党决策执行的逻辑

通过“从群众中来”的民意上升机制制定大政方针、形成决策以后，执政党的大政方针与各项决策又如何贯彻落实呢？答案是：在地方分权与行政发包的前提下，通过自上而下层层施压的压力型体制。压力型体制的概念最初是荣敬本等人在《从压力型体制向民主合作体制的转变：县乡两级政治体制改革》一书中提出的。“所谓压力型体制，指的是一级政治组织（县、乡）为了实现经济赶超，完成上级下达的各项指标而采取的数量化任务分解的管理方式和物质化的评价体系。为了完成经济赶超任务和各项指标，各级政治组织（以党委和政府为核心）把这些任务和指标，层层量化分解，下派给下级组织和个人，责令其在规定的时间内完成，然后根据完成的情况进行政治和经济方面的奖惩。由于这些任务和指标中一些主要部分采取的评价方式是‘一票否决’制（即一旦某项任务没达标，就视其全年工作成绩为零，不得给予各种先进称号和奖励），所以各级组织实际上是在这种评价体系的压力下运行的。”[①] 荣

① 荣敬本等：《从压力型体制向民主合作体制的转变：县乡两级政治体制改革》，中央编译出版社 1998 年版，第 28 页。

敬本等人是就县乡层面与经济发展领域使用压力型体制这一概念的。实际上，压力型体制是整个中国权力运行体制所具有的特点，也不仅限于经济领域，而是广泛体现在经济、政治、文化、社会等各个领域的任务落实方面。在这种压力型体制下，领导干部既面临纵向自上而下的层层加码的任务完成压力，也面临着横向的区域之间、部门之间、领导干部个人之间政绩锦标赛的压力，优胜者得到奖励晋升，落后者则遭到批评乃至淘汰。以政绩为指挥棒，在这种巨大的压力和激烈的竞争环境中，各级领导干部完成中央与上级的任务决策就具有了强大的内驱力。

对于压力型体制所具有的问题与局限，学术界近年来已有较多研究，其中大多是从经济发展角度来进行反思的，这和中国改革中经济建设领域压力型体制表现最为明显有关。以下在一般意义上，从三个方面对于作为执政党决策执行机制的压力型体制之局限性做一较为系统的分析。

第一，一定程度的系统性官民疏离。在自上而下的压力型体制下，集中精力完成上级任务成为体制内各级官员的必然选择。在这种情况下官员个人以及整个官僚体系很难有足够的时间与精力及时有效回应来自社会的大量具体化、多样化、迅疾化的民意诉求。“当前的政治锦标赛治理最大的问题是，在地方官员的考核和提拔过程中缺乏辖区居民的偏好显示，以 GDP 增长指标或其他一些经济指标代替居民的偏好。……随着人们收入大幅增加、生活条件不断改善，人们的偏好和需求趋于多样化，此时 GDP 增长，甚至绿色 GDP 增长已不能准确代表辖区内居民高度多样化的偏好结构，这些多样化偏好最后如何传导为政府的公共服务内容就成为中国地方行政治理最大的挑战之一。由于直接承受地方政府治理后果的居民和企业无法直接影响地方官员的仕途，官员任免权在上级政府，目前的官员任命机制无法保证地方官员对居民和企业的多样化偏好做出足够和有效的反应。”[①] 其实，不仅经济领域，其他领域亦是如此。只要上级有明确的任务指示与目标要求，并且与自身利益特别是晋升直接相关，各级官员对上负责的态势就不会根本改变，而会将精力集中于相关任务的完成以及应对上级的各种检查。为了任务的完成，各级人民代表大会这些本来的民意反映与上升机构也会被强力整合到各项发展目标的实现过程之中，服从并服务于自上而下的任务贯彻。这不能不使得自下而上的社会参与与民意表达机制与功能严重弱化。实际上，相比于县域治理，乡镇基层这一问题表现得最为突出。作为基层政权，乡镇面临着民众最为鲜活、最为具体的多样化利益诉求，但同时，作为压力型体制的末端，乡镇也承担着最重的任务完成责任，因为“上面千条线，底下一根针”，中央与上级的各项任务目标层层传导，最终分解到乡镇层面予以解决。面对各领域各方面的繁重任务要求，面对来自上级的不停检查，很多地方的乡镇干部很大程度上无法集中心思谋划本地发展，无法关切地方民众的具体、多样化个别利益诉求。

在地方特别是基层官员的这种普遍行为中，实际上存在着一种目的与手段在某种程度上的不合理颠倒：本来是在广泛民意基础上整合、提炼而形成的决策任务，很大程度上脱离了作

① 周黎安：《转型中的地方政府：官员激励与治理》，上海人民出版社 2008 年版，第 114–115 页。

为其来源的鲜活民意，在贯彻落实中作为干巴巴的抽象的数目字发挥作用，成为各级官员行为的最高指挥棒，各级官员就为实现这些抽象的数目字孜孜努力。规范意义上，广大社会成员利益诉求的满足是目的，各项决策任务是实现社会成员利益的手段，具有工具性，而现在在各级官员那里，决策的任务指标成为了需要完成的目的本身，至于作为决策基础与来源的具体的社会需求与广泛的民众意见，由于对官员无法形成有效的约束反而一定程度上被忽略掉了。这一对自下而上民意诉求回应相对迟滞的问题也不可能通过强化地方特别是基层的控制能力来解决。“强化基层政权的控制权力，虽然可能在某种程度上解决它的工作效率问题，但不能从根本上解决它的政治功能不足的问题。它不能通过有效代表以传达社会利益的方式达到社会整合”。[①] 实质上，这种手段与目的某种程度的倒置是压力型体制本身固有而难以克服的。

正是由于这种目的与手段在某种程度上的颠倒，正是由于整个官僚体制的对上负责性，其与整个社会在一定程度上实际是相对脱离的，没有完全有效地扎根在社会之中，由之出现系统性的官民疏离问题也就在所难免。这种一定程度的系统性官民疏离是长时间以来社会稳定、官民矛盾、干群矛盾等问题持续存在的一个重要体制性根源。我国学者张静在研究基层政权时，将基层政权与民众的这种关系结构称之为一种“稳定性较低的基层结构”。之所以稳定性较低，就是因为在这种关系体制中，基层政权与“社会之间的利益关联处在脱节的结构中”，[②]

① 张静：《基层政权：乡村制度诸问题》，浙江人民出版社 2000 年版，第 84 页。
② 张静：《基层政权：乡村制度诸问题》，浙江人民出版社 2000 年版，第 82 页。

而“分离的利益结构使得基层政权的立场导向授权者方，它的‘服务’对象有相当部分是朝上的，社会利益的满足受到进一步的约束。”[①] 正是由于这种官民疏离是系统性、体制性的，所以当前出现的诸多问题就不能单纯归咎于领导干部的个人因素或仅仅被视为一种作风问题，因为不论是个人还是作风都是依存于一种制度体制，很大程度上由这种制度体制所塑造形成的。尽管执政党近年来采取了像干部包村、“群众路线”教育实践活动、加强基层党组织建设等若干举措，力图更大程度地恢复领导干部与民众之间那种应然的理想化关系，但只要这种压力型体制的逻辑不变，这些举措的实际效果都必然会有所折扣。这就是为什么这么多年中央一直强调各级党员干部要联系群众，而两者之间的矛盾还如此频繁的一个极其重要的原因。

与这种系统性官民疏离相对应的是压力型体制下各级领导干部的夹缝处境。虽然压力型体制造成了系统性的官民疏离，但也并不意味着在这一体制下的各级领导干部只能专心应对上级任务要求而对社会成员具体、多样化的利益诉求可以置之不顾。事实远非如此，尽管各级领导干部基于政绩的指挥棒必须向上负责，但是，不断成长的社会力量、不断强化的公民权利意识、不断生成的民众利益诉求也在强力冲击着整个官僚体制及其中的官员，使其不得不有所回应，尽管可能是相对被动迟滞的回应。在这种情况下，整个官僚体系及其官员同时受到自上而下的压力与自下而上的压力的影响。理论上讲，这两种压力的最终来源是一致的，都是来自于人民群众的利益诉求，人

① 张静：《基层政权：乡村制度诸问题》，浙江人民出版社 2000 年版，第 37 页。

民群众是各级官员权力的最终委托者。但一旦落实到具体的现实中，这种理论上的一致性往往很难保持。上下级的委托代理关系与人事决定关系是最直接的，而人民群众的最终委托经过层层转移则变得相当模糊。在这种情况下，来自上级的任务压力成为下级需要首先考虑的，社会民众的利益诉求往往不太容易成为压力型体制内各级官员的优先考虑对象，除非有可能引发或已经造成社会稳定等严重问题从而威胁到自身政绩。但在社会自主性不断生长的情况下，这种消极的态度与做法可能会压制某些矛盾，但较难从根本上消弭矛盾。此外，由于缺乏有效的、制度化的矛盾表达与化解机制，老问题尚未化解，新情况、新问题不断出现，需要个案化处理的矛盾会越来越多。面对这种社会自主性的生长与矛盾的积聚，体制内的领导干部感受到工作难干的强大压力成为必然。越到基层，这种双向压力下的夹缝处境越凸显：上面的任务必须完成，老百姓的诉求也不得不应对，在夹缝中辗转。由于媒体的发达与参与民主的发展，即使压力型体制的中高层级，相比于以往，对这种双向压力的感受恐怕也会愈益明显。这种状况表明，今天中国各级官员很大程度上生存于两种不同压力的夹缝之中，这种尴尬的处境很容易导致其角色定位的模糊、紊乱与不清晰。

第二，不平衡的发展格局。这种压力型体制还会内生出一种不规范的利益诉求实现格局与不平衡的发展格局。正如上文所分析，“从群众中来”的民意采集与整合的代表行为对于社会成员个别化、多样化的利益诉求具有一种过滤与遮蔽作用。这种过滤与遮蔽尽管是代表行为本身所必需，但经过层层过滤与遮蔽，在决策形成阶段，原初民意诉求的完整性毕竟已经被切割、具体性毕竟已经被抽象。如果考虑到决策行为中部门利益与地方利益的因素，那么，在决策进程中，就不仅存在原初民意因切割而不完整的问题，也会存在原初民意诉求被扭曲乃至忽视的问题，亦即上文所称的代表行为的异化问题。现实的决策制定过程多是这两种情况的混合。而当形成的决策处在进行或实施阶段，这种利益诉求的异化往往还会进一步加剧。之所以如此，是因为原初利益诉求经过整合与梳理后，在大政方针或决策中会以改革发展的多项任务指标的形式呈现出来，但在实际的贯彻落实中，这多项的任务指标并不会像决策制定者所预想的那样完全协调有效地予以推进。“根据多任务委托—代理理论，如果代理人的工作属于多任务性质，有些任务比较容易测度，而另一些任务不容易测度，如果委托人只对容易测度的任务绩效进行奖励，而对那些不容易测度的绩效不进行奖励或惩罚，那么代理人会把所有的努力转向受到激励的任务，而忽略同样重要，但不容易测度的任务。这种多任务下的激励方扭曲正是中国地方官员在以 GDP 增长为核心的考核机制下所发生的现象。这主要表现为晋升激励下的地方官员只关注那些能够被考核的指标，而对那些不在考核范围或者不易测度的后果不予重视。”① 实际上，这种扭曲不仅发生在经济领域——尽管改革开放以来在这一领域相关问题的表现更为明显——而是普遍存在于整个改革领域。比如近年来的社会建设领域亦出现这一问题。在中央强调要转变政府职能，建设公共服务型政府的背景下，地方为了追求政绩，往往选择最易于对上级与外

---

① 周黎安：《转型中的地方政府：官员激励与治理》，上海人民出版社 2008 年版，第 115 页。

界展示的公共服务的内容与类型予以提供。正如有学者通过实地调研指出的："政绩导向是地方政府进行选择性社会建设的重要影响因素。在地方政府的思维中，地方的社会建设只有创造显示度，才能引起上级的关注形成政绩。因此在进行选择性社会建设中，地方政府优先选择那些能够短期见效、有显示度的内容。"[①] 通过这种选择性执行，过滤与整合后体现在决策中的民众的利益诉求再一次被切割，较大程度上被异化了。

这样，原初的民意诉求就经过了决策形成与决策执行两个阶段的切割，先是被遮蔽、过滤再被选择性执行，同时地方利益与部门利益的因素也杂于其间。经过这样一个持续的过程，广大社会成员全面的利益诉求在一定程度上被抽象化、片面化，某一或某些方面的利益诉求被关注、放大，有些利益诉求则被有意无意轻视乃至忽略。与这种在决策过程中逐步形成的不规范的利益诉求实现格局相对应，现实的改革发展则会形成一种不平衡、不协调的发展格局：某一或某些方面的发展被突出以满足被放大的利益诉求，某些方面的发展则被有意无意地轻视乃至忽略，相关的民众利益诉求自然无法得到满足。在这个意义上，发展的不平衡、不协调是传统压力型体制的必然结果，内在于这种体制的运作逻辑之中。

第三，治理能力的限度。纯粹的压力型体制本身在治理能力方面并非可以无限提升，而是有其限度。这种治理能力的限度突出表现在以下五个方面。其一即是上文所谈的原初民意的连续切割造成的代表行为的异化、决策任务目标的非全面性以

---

① 王清："超越地方发展型政府：理论框架与经验分析"，载《四川大学学报（哲学社会科学版）》2014 年第 6 期。

及发展格局的失衡。其二，正如我们反复强调的，现行压力型体制下各级官员的首要选择是对上负责，而无法切实增强对辖区内民众具体诉求的回应能力将会在根本上影响地方治理的效能。这种回应性的不足既可能是由于缺乏时间、精力与条件，也有可能是官员自身政绩的考虑。"政绩最大化和地方公共利益最大化都是地方政府的效用目标，但两者之间并不总是统一的，往往需要地方领导作出某种取舍。地方公共利益最大化是地方政府树立权威的绩效合法性基础，会对地方领导的政治声望产生一定影响，但政绩最大化却是地方领导实现政治晋升最重要的'资本'，当两者不能统一时，牺牲地方公共利益就可能成为理性的地方领导的选项。"[①] 比如，"地方政府在进行社会建设时，优先考虑回应或迎合上级政府的意思，较少考虑回应民意。这是因为人事权仍然控制在上级政府的手中，地方政府的政绩需要得到上级的承认，因此，他们围绕上级政府的偏好进行社会建设。……当上级政府和民众在社会建设优先顺序上存在偏好不一致时，社会建设可能不仅难以实现改善治理的目标，反而带来新的问题。"[②] 其三，即使决策的任务目标、上级的考核内容与民意诉求具有相一致的一面，权力治理的有效性达到一定程度后也较难在此基础上再有进一步的质的提升。因为即使考核内容较为合理，为了对上级部门展示最大化的政绩，这种合理的考核指标也未必会以合理的方式来实现，甚至可能通过某些不尽规范的方式来予以完成。就此而言，不管任务目

---

① 何显明：《市场化进程中的地方政府行为逻辑》，人民出版社 2008 年版，第 431 页。

② 王清："超越地方发展型政府：理论框架与经验分析"，载《四川大学学报（哲学社会科学版）》2014 年第 6 期。

标与考核内容是什么，只要考核指标是由上级下达的并且依据这种考核结果进行官员选拔，那种不顾民众实际利益、只对上负责的政绩最大化现象就难以避免。其四，压力型体制下，承受自上而下层层加码、层层限时压力的官员及其官僚系统会相应产生出应对压力的策略主义行为，这种应付性的策略主义行为的较为普遍存在使得决策的实施效果必然有所折扣。这即通常所讲的“上有政策，下有对策”。有学者通过研究指出基层政权的运作具有这一特点。“策略主义是指基层政权组织缺乏稳定的、抽象的、普遍主义的运作规则，以及基于长远发展的战略目标，而以各类具体的、权宜的和随意的策略与方法作为原则，并只顾追求眼前的短暂目标。”“似乎任何有助于目标实现的技术、策略、手段和方式，无论是正式的还是非正式的，正当的还是不正当的，均可被乡镇借用，并且其中的一些运作方式具有‘不计成本、不惜代价’的非理性特点，往往偏离其运作目标，目标替代现象十分普遍。”[①] 实际上，策略主义的行为逻辑并不限于基层政权，而是压力型体制下的一种普遍行为逻辑。这种策略主义的行为包括各种形式、各个方面的作假，短期强动员的运动式治理，一级权力组织与直接上级权力组织相互配合、共谋应对更上一级，各种各样的人际关系运作，等等。在作为有风险的情况下，甚至消极不作为也是一种不影响职务稳定与晋升的行为策略。其五，为了政令与决策切实贯彻，压力型体制的各个层级之间自上而下应有严格的规范督促。然而，由于存在信息不对称等一系列委托代理难题，由于地方层

① 欧阳静：“压力型体制与乡镇的策略主义逻辑”，载《经济社会体制比较》2011年第3期。

面的民众参与还有待进一步发展，这种自上而下的监督不能不是成本巨大而效果受限的！实际上，以上所述的地方特别是基层的各种策略主义行为很大程度上正是以此为存在土壤的。在这种监督制约体制下，出现瑞典著名经济学家缪尔达尔所说的中央政令贯彻能力退化、中央权威在地方层面层级消减的“软政权化”现象就难以避免。体制内的决策者对此也并非没有清醒认识。比如，早在 1998 年 3 月朱镕基就任国务院总理主持召开的国务院第一次全体会议上，就明确地谈及这一点：“我到国务院工作八个年头了，深刻地感到，出个主意是非常容易的。主意可以出得很多，可以天上地下，博古通今，引经据典；定个政策也不是很难，只要你虚心听取各部门的意见，群策群力，也可以出台一个好政策，但是要落实就难得很。那不是你写一大篇批示，下面就会照着做，根本不是那么回事，最难就在于落实。我八年来的体会，就是要办一件事，不开八次、十次会议就没法落实。如果发一个文件，能兑现 20% 就算成功了，不检查落实根本不行。……所以，同志们，要落实、落实、再落实，你的文件发下去以后，你不下去跟着检查，没有多少人理你。”[①] 国家总理如此强调，问题之严重可见一斑。

综合以上五个方面，在高度评价压力型体制巨大作用的前提下，还必须要清醒地认识到其弊端与治理效能的限度。

三、民主参与体制的健全与执政党决策逻辑的调适

“从群众中来”的决策形成逻辑与压力型体制下的决策执

① 朱镕基：《朱镕基讲话实录》第三卷，人民出版社 2011 年版，第 6-8 页。

行逻辑作为执政党治理逻辑的关键性内容在中国的改革发展中发挥了至关重要的作用，并且也会继续深刻地影响中国未来的国家治理。但正如上文分析的，这种决策逻辑亦有其局限性与不足之处，这就需要执政党相应地予以调适。调适并非是对既有决策逻辑的根本改变，而是在尊重与保持既有决策逻辑合理因素前提下的一种合理化调整与改革。从大的思路上分析，这种合理化调适一方面可以在既有决策体制内部进行。比如在决策目标形成与执行过程中，上下级权力组织之间、同级部门之间加强互动协商，避免决策制定与目标设置主体过于单一化，从而切实考虑到地方特别是基层政权决策落实的实际能力，更好地实现体制内部之间利益的兼容性；比如适度降低压力型体制下的激励强度，弱化各级官员策略主义行动的动机；比如探索建立决策执行后果的体制内信息反馈机制，加大对重大决策失误的惩戒力度，以增强压力型体制本身的纠错功能；等等。另一方面，也是更为重要的，是完善民众参与的体制机制。相比于既有决策逻辑内部的调适，这种外部的公民参与对于执政党决策机制的进一步完善具有更为重要的意义。这也是执政党民主执政的必然要求。执政党既有决策逻辑存在的问题集中表现为原有民意的完整性遭到连续切割，由于代表者与被代表者利益指向不一致导致的代表行为异化，压力型体制作为决策执行机制的限度与弊端等诸方面。针对这些方面的问题与不足，切实推进公民多领域、实质性、有序而积极的参与极为必要。所谓多领域，是指公民参与应体现在部门、地方特别是基层官员的人事选任、政绩评价、监督制约，体现在包括立法与决策在内的公共治理等多个领域，具有广泛性。所谓实质性，是指公民参与不能形式化，不能沦为地方或部门装点门面的摆设，而应对公共治理特别是相关官员的任免与政绩评价发挥切实作用。而对官员任免与政绩评价切实发挥作用也就意味着官员政绩考核体制乃至更深一层的授权体制方面的改革，意味着人民当家作主理念的进一步落实与公民主体地位的进一步实现，意味着包括执政党在内的公权与民权在治理中关系架构的进一步合理化调整。如果没有公民的这种实质性参与，如果自上而下的决策逻辑与治理机制依然如是，如果官员的驱动来源依然如是，公权力应对社会问题与危机的治理能力较难实现再进一步的实质性提高。正如上文分析的，传统压力型体制在治理能力方面是有其限度的。所谓有序而积极，是指公民的民主参与当然不能推进过快过急以致失序失控，但面对问题的积聚与形势的需要也不能被动拖延，特别是一些涉及官员授权体制的重大改革措施，可以考虑在乡镇乃至县域层面展开试点。

公民这种多领域的实质性参与，可以有针对性地解决执政党既有决策逻辑存在的局限。其一，自下而上的民主参与与利益表达可以在一定程度上有效呈现被“从群众中来”的代表行为过滤与遮蔽掉的具体化、个别化利益诉求。代表行为通过对原初民意的切割与抽象以形成决策，而通过自下而上的民主参与，被切割与抽象掉的社会成员鲜活的、个体性的利益诉求得以重新表达并影响决策。越到基层越是能够如此。这样，抽象的、一般化的利益诉求与具体的、个别化利益诉求在一定程度上重新实现了聚合，原初的民意诉求以这种方式又被较为完整地呈现。而以这种聚合后的民意为基础，部门、地方特别是基层的决策在制定方面无疑会更为科学。其二，自下而上的有序民主参与与利益表达有利于克服利益指向不一致所导致的代表行为异化。由于自上而下监督的困境与强烈政绩观的驱动，这种代表行为的异化在压力型体制内部很难得到有效解决。这就需要公民在官员人事选任、政绩评价、监督制约等各领域的有效参与，从而推动各级官员改变单纯对上负责的理念与做法，更为直接地对本区域内的民众负责，最大程度地避免其仅仅把完成上级规定的抽象数字指标作为目的本身而忽略民众切实利益需求的满足。在这种情况下，公民大量、具体、多样化的利益诉求在地方和基层就可以得到较为有效的回应与解决，而不会逐步积累。并且，由于自下而上的异体参与与自上而下的同体监督形成了监督制约的合力，公民的实质性有序参与实际上也形成了对中央权威的极大支持。其三，这种更为直接的对民众负责，这种在地方特别是基层对民众切实利益需要的满足相对有效的解决既有压力型体制下各级官员及其官僚体系与整个社会的系统性疏离问题。对于地方特别是基层而言，在逐步合理划分各级事权的基础上，公民的广泛参与使得其可以主动直面民众大量鲜活的具体诉求而不必完全被动束缚于上级的硬性指标，从而在与民众的回应、互动与合作中提高治理效能。地方特别是基层官员对本地情况更为熟悉，相对于落实那种硬性的、层层加码、激励强度过大，甚至有时脱离实际的任务指标，将精力更多用于思考符合本地实际的发展，用于本地民众需求的采集、诉求的回应、问题的解决，整体难度相对要小，承受压力相对而言也要小，对他们来说，实际上是一种相对减负。在这种情况下，原初民意较少受到切割与扭曲，既有压力型体制下各级官员的策略主义行为也将会大大减少。在地方特别是基层，公民既可以相对有效参与，解决的又是相对熟悉的地方性事务，各级官员刻意的策略主义行为既无多大可能，也无多大必要。其四，公民参与的有效发展不仅可以切实推进执政党决策逻辑的合理化调试，提高执政党现代化治理的能力与水平，从长远来看，也有助于进一步巩固执政党合法性的社会基础与制度基础，使党的执政与治理赢得更为广泛的社会认同。换言之，公民参与的实质性发展可以实现党执政合法性与有效性的内在协调、有机统一与相互促进。

如果说以上对公民参与特点与功能的分析还较为抽象的话，要更好理解其如何切实推进执政党治理模式的合理化调适，还必须进一步分析公民参与的各种具体形式。依照运行领域与运作方式的不同，在当前中国改革进程中，公民参与可大致做以下四种划分。一是程序性参与民主。公民在立法或政策制定的某个或某些程序与环节直接参与，表达利益诉求，参与公共治理。当前公共治理中的协商、听证、座谈等即属于此。二是哈贝马斯意义上的政治公共领域的话语民主。公民或在有限范围的对话交流中，或在媒体所形成的交往空间中就公共问题或事件直接表明自己的观点诉求。这两种公民参与形式在当前发展迅速，但其参与效能还需进一步观察，这是因为在实际运作中，公民通过程序性参与表达的意见诉求往往并不能真正有效地影响决策，而是存在着较为普遍的参与形式化问题。“核心问题是：协商如何实现与决策的对接？……尽管在实践中确实有一些协商实践对决策产生了直接的影响，但是，大量的案例则是协商对决策几乎没有影响，或影响很少，更不用说将协商整合到决策体系之中了。”[1] 至于政治公共领域的话语民主所能形成的一般也只是对公权力的外围性压力。针对此，除了在制度上对这两种民主形式的参与效力予以规定，努力保障其实现与公权力的真正有效对接外，还必须推进另外两种公民参与形式的发展。另外的两种民主形式直接涉及官员的政绩考核体制乃至更深一层的授权体制方面的改革，更具实质性。实际上，只有在自身的政绩评价特别是权力授受更大程度上由公民决定的情况下，通过前两种民主形式表达的社会利益诉求才有可能得到地方官员更为切实的关注。

这另外的两种民主形式之一就是各级人民代表大会的制度机制。人民代表大会制度是我国的根本政治制度。作为既有的体制内资源，人民代表大会功能的充分发挥可以很大程度上弥补执政党既有决策模式之不足。一方面，就处于改革转型期的中国而言，现阶段公民的大量利益诉求之所以难以得到有效表达，大量的利益矛盾之所以难以得到切实解决，一个非常重要的原因就是人民代表大会的民主功能没有得到更为有效的发挥，从而导致民众政治参与的体制内主渠道不畅。在此意义上，人民的利益不能够仅仅被政党所代表，其应该有自身直接表达的开放性制度渠道，这是人民当家做主的逻辑要求。另一方面，进一步落实各级人大的重大事项决定权、监督权特别是任免权对于解决压力型体制下各级官员无法更好对下负责的问题，推动其切实回应民众诉求，规范自身行为具有重要意义。当然，对于官员的选用而言，党管干部的原则必须坚持，自上而下选

---

① 谈火生：“协商民主理论发展的新趋势”，载《科学社会主义》2015 年第 6 期。

拔机制的合理性也不能否定，但人民代表大会的作用应进一步加强。换言之，在官员的选用环节，应积极探索将上级的选拔与人大的选举相结合，切实赋予人大更大的选择权力，增强选人用人的竞争性、透明性、开放性，从而较为有效地体现民意而不仅仅是上级意志。人民代表大会以上各方面的法定功能如能得到更好发挥，国家治理的合法性与有效性必将会进一步提升。那么，在今天的改革形势下，人民代表大会的应有功能如何才能得到更好发挥呢？撇开各项具体的改革措施不论，根本的一点就是进一步规范党与人大的关系，执政党对于人民代表大会要进一步切实而有序地赋权放权，让各级人大不仅有位，而且有为。各种具体措施是问题解决之术，党与人大关系的更为规范化是问题解决之道，道不明，术难有大效。之所以强调这一点，是因为不同国家，代议机关与政党的关系不尽相同。从代议机关与政党的产生次序来看，西方国家整体来讲是先有代议机关，后有现代意义上的政党，政党通过代议机关掌握政权，在代议机关内部活动。而我国是先有先进的政党组织，中国共产党作为执政党取得政权后，领导建立了人民代表大会的制度与组织机构。由于执政党领导建立了人民代表大会，并且始终作为人民代表大会之外的独立领导核心存在，在这种情况下，人民代表大会的实际权限不能不取决于执政党的认识与做法。应认识到，在中国改革日益深化的时代背景下，社会力量的不断发育成长，社会成员公民意识的不断觉醒，要求作为体制内参与主渠道的人民代表大会切实增强自身自主性，有效发挥既定的宪法权力。这是中国改革深化与民主发展的大势所趋。

乡镇乃至县域层面对于党政主要领导的直接选举乃是除人

民代表大会的间接参与以外另外一种着眼于长远的民主形式。在地方特别是基层，要想官员切实地眼睛向下，有效回应民意诉求，规范自身行为，在权力来源上必须有效确立起他们对下负责的体制机制，地方特别是基层的党政主要领导由民众通过选举赋权产生是一种更为长远的应然趋势。这是比落实人民代表大会的选举权更进一步的改革措施。这种选举探索可以考虑先从乡镇一级开始，由乡然后逐步推进到县。县域政权建设是现代国家建构的基础，在现行政权运作模式下，乡镇政权组织自主性较为缺乏，很大程度上成为了县级政权的派出机构。在这种情况下，压力型体制转变的关键不在乡镇，而在县。在乡与县的层面，“民主选举的成本会低于逐级下达指标和考核的成本，群众直接监督的成本也会低于逐级监督的成本。这种直接信息比较准确，提供虚假信息的机会大大减少，信息效率提高，事前防止干部腐败的效果会比问题暴露造成严重后果后再惩处干部的效果好。”[①] 当然，基层的民主选举必须在党的领导下进行，必须以坚持党管干部的原则为前提，需要在实践探索中实现与党管干部原则的有机协调。“从民主执政的角度看，改变压力型体制，有利于实现‘权为民所用、情为民所系、利为民所谋’。但是，这也会引起人们的疑虑，会不会引起政党恶斗、地方派系林立，贿选盛行。但是，在共产党领导下推行民主选举，可以消除这种疑虑。这时党的领导更凸显其重要的作用，完全排斥了政党恶斗，因为选民是在党推荐的候选人中间进行选择的。……这里重要的还是加强党对选举的领导和监

① 荣敬本：“变‘零和博弈’为‘双赢机制’——如何改变压力型体制”，载《人民论坛》2009 年第 2 期。

督。”[①] 当然，基层选举的推进需要具备什么条件、在什么阶段推进、针对各地不同情况如何区别化的推进、推进的具体程序步骤等，对于这些问题都需要慎重考虑，但当前重要的一点是需要创造一个问题讨论与实践创新的宽松环境，为县乡层面的相关改革脱敏，推进开放式的试验，探索增强执政党决策逻辑的合理性与决策模式的适应性。特别需要强调的是，根据以往的经验教训，这种基层的探索需要得到体制上层的有力授权支持，如其不然，这种探索既缺乏一种宏观的体制环境，也很容易造成人走政息的问题。

结　语

当前，中国已经进入了全面深化改革的新阶段。在这样一个新的阶段，面临机遇与挑战并存的改革形势与艰巨而繁重的发展任务要求，群众路线的优良传统需要大力发扬，压力型体制的合理一面也需要深入认识并予以坚持，但执政党的决策逻辑亦应在系统审视与反思的基础上进行合理化的调适。逐步推动执政党决策逻辑与决策模式的合理化调适，更大程度地发挥公民参与的作用，推动压力型体制逐步向民主参与型体制转变，是执政党治理能力提升的必然要求与国家治理现代化的重要内容。

① 荣敬本：“变‘零和博弈’为‘双赢机制’——如何改变压力型体制”，载《人民论坛》2009 年第 2 期。